여행자를 위한
이란어 회화

엮은이 김 영 연

문예림

김영연

약력   한국외국어대학교 동양어대학 이란어과 교수
        이란 테헤란대학교 페르시아어문학과정 수료
        이란 타르비야테모다레스대학원 객원연구원
        문학박사

역·저서 "한국어-이란어 사전", "땅의 저주", "세계민담집(이란편)", "집도 없이, 태양도 없이", "사면", "생각하는 크레파스 시리즈(100권)" 외. "초보자를 위한 이란어읽기", "옛날이야기 이란어로 읽기", "영화로 배우는 이란어" 외

논문   "한국에 수용된 천일야화 연구" 외 다수

여/행/자/를/위/한
이란어회화

초판 1쇄 인쇄 / 2013년 2월 20일
초판 1쇄 발행 / 2013년 2월 28일
저자 / 김영연
발행인 / 서덕일
발행처 / 도서출판 문예림
출판등록 / 1962년 7월 12일 제 2-110호
주소 / 서울 광진구 군자동 195-21호 문예B/D 201호
전화 / 02-499-1281~2
팩스 / 02-499-1283
ISBN 978-89-7482-722-9 (13790)

잘못된 책은 구입하신 서점에서 교환하여 드립니다.
저자와의 협의에 의해 인지는 생략합니다.

머리말

이란은 오랜 역사를 지닌 전통과 문화를 가진 나라이다. 1935년 '페르시아'라고 하는 국명을 '이란'으로 개명한 후, 1979년 이란 왕국은 이슬람 혁명으로 오늘의 '이란 이슬람 공화국'으로 정체가 바뀌었다. 흔히 '페르시아'와 '이란'을 다른 국명으로 이해하고 있으나 동일한 국가이다.

이란은 우리나라 국토의 약 8배에 달하는 광활한 영토에 석유를 비롯한 풍부한 자연 자원을 가지고 있다. 더욱이 1988년 이락과의 전쟁이 끝난 후, 경제 재건과 산업 확장을 위해 노력하고 있으며, 오늘에 와서는 핵문제로 세계의 초점을 받고 있으나 우리나라와의 경제적 교류는 결코 도외시할 수 없는 나라이다.

이란의 인구는 이슬람혁명이후 급속하게 증가하여, 약 7,800만 명에 이르고 중동지역 국가들 중에서는 소비 시장이 큰 것으로 분석되고 있다. 또한 이란 사회와 이란인들이 전통적으로 가족과 혈연을 중시하는 의식이라든가 관습적인 생활양식과 식문화 등에서 한국인과 매우 유사하여 공감대를 가질 수 있는 나라이기도 하다.

이란의 국어이자 공용어를 '훠르씨/파르씨'라 부른다. 이는 '이란어' 또는 '페르시아어'라고 번역할 수 있다. 이란(페르시아)어는 인도.유럽어족에 속하는 굴절어이다. 서기력 7세기경 아랍 이슬람군에 의해 정복되어 종교 이외에 여러 면에서의 이슬람화는 언어에까지 반영된 결과, 아랍어의 알파벳(28자)를 기초로 하여 순수한 이란어 4자가 첨가되어 32자를 알파벳으로 활용하고 있다. 그러므로 아랍어와 마찬가지로 오른쪽에서 왼쪽으로 이어 쓰는 글이다. 그리고 글쓰기에서는 모음을 표시하지 않고 자음으로 정서되어 자음만으로 구성된 언어라고 하여도 과언이 아니다. 또한 문어와 구어의 차이가 다소 있어 초보자들에게는 생소하게 느껴질 수 있는 언어이다. 그러나 문법체계는 단순하여 이란어를 익히는데 별 장애가 되지 않는다.

본서가 전공자는 물론 이란에 관심이 있거나 여행, 혹은 이란에서 생활하는 한국인들이 이란인들과 올바른 의사소통을 하는데 도움이 되기를 바라는 마음에서 엮었다. 그리고 문어와 구어의 발음이 다른 점을 보다 정확하게 습득하기 위해, 이란어 문장아래 그 발음을 이란어로 표기하는 지면을 할애하여 이란어를 보다 정확하게 배우고자 하는 독학자들에게 도움이 되도록 증보시켰다.

이러한 구성은, 이란인들이 자기 나라 언어에 큰

자긍심을 갖고 있고, 이란어의 활용을 바르게 알고 정확한 표현을 하는 것은 그들의 문화를 이해하는 데 중요한 역할을 하기 때문에 회화일지라도 문법에 준한 습득을 높이기 위한 목적이 있다. 아울러 개정판에는 시간이 흐름에 따라 첨가되는 새로운 용어 및 발음을 익히기 위해 원어민의 육성으로 구성된 CD도 첨가시켰다.

　끝으로 한국외국어대학교 이란어과의 시간강사로 계신 Fateme Yousefi 선생님의 도움과 보편화되지 않은 외국어에 관심을 가지고 출판해 주신 문예림의 서 덕일 사장님에게 깊이 감사드린다.

2013년 1월 엮은이

I. 이란(페르시아)어의 문자와 발음

 현재 이란에서 통용하는 언어를 흔히 지역적으로 명명하여 이란(페르시아)이라 칭한다. 페르시아란 1935년 개칭한 오늘날 이란 이슬람 공화국의 옛 국명이다. 또한 언어학의 계통적 분류에 의하면 인도이란어파에 속하는 페르시아어가 오늘날 현대 이란어의 모체이다. 이 언어의 유형적 분류로 구별하면 인구어족의 모든 언어가 그렇듯이 굴절어에 속한다.

1. 알파벳

 이란(페르시아)어 알파벳은 32자로 구성되어 있다. 아랍어의 문자 28자를 차용하고, 이에 4자 ‘پ) (گ ،ژ ،چ를 첨가하여 활용하고 있다. 32자의 알파벳 중 3자 (الف، واو، ى) 는 자음인 동시에 모음의 기능도 한다.

	문자이름		위치에 따른 형태		음가
1	الِف 알레프	alef	ا	ااا	a.e.o.ā (아.에.오.어)
2	بِ 베	be	ب	ببب	b (ㅂ)
3	پِ 페	pe	پ	پپپ	p (ㅍ)
4	تِ 테	te	ت	تتت	t (ㅌ)
5	ثِ 쎄	se	ث	ثثث	S (ㅆ)
6	جیم 짐	jim	ج	ججج	j (ㅈ)1
7	چِ 체	che	چ	چچچ	ch (ㅊ)
8	حِ 헤	he	ح	ححح	h (ㅎ)
9	خِ 크헤	khe	خ	خخخ	kh (ㅋㅎ)2
10	دال 덜	dāl	د	ددد	d (ㄷ)
11	ذال	zāl	ذ	ذذذ	z

---

[1] 윗 치아와 아래 치아를 부딪혀서 나오는 음임.
[2] ㅎ 발음을 강하게 하여 독일어의 Ich의 발음과 유사함. 우리 글에 유사한 발음이 없어 음과 음의 중간발음이라 두 음을 함께 표기함.

	절				(ㅈ*)
12	ر 레	re	ر	ررر	r (ㄹ*)
13	ز 제	ze	ز	ززز	z (ㅈ*)
14	ژ 줴	zhe	ژ	ژژژ	zh (ㅈ**)
15	سین 씬	sin	س	سسس	s (ㅆ)
16	شین 쉰	shin	ش	ششش	sh (ㅆ*)
17	صاد 써드	sād	ص	صصص	s (ㅆ)
18	ضاد 저드	zād	ض	ضضض	z (ㅈ*)
19	طا 터	tā	ط	ططط	t (ㅌ)
20	ظا 저	zā	ظ	ظظظ	z (ㅈ*)
21	عین '에인	'ein	ع	ععع	' (')3
22	غین 게인	ghein	غ	غغغ	gh (ㄱ*)4
23	ف 훼	fe	ف	ففف	f (ㅍ*)
24	قاف 거프	qāf	ق	ققق	q (ㄱ**)5

---

[3] 이응을 끊는 소리임.
[4] 성문을 닫아 ㄱ의 음을 냄.

25	كاف 커프	kāf	ک	كکک	k (ㅋ)
26	گاف 거프	gāf	گ	گگگ	g (ㄱ)
27	لام 럼	lām	ل	للل	l (ㄹ)
28	ميم 밈	mim	م	ممم	m (ㅁ)
29	نون 눈	nun	ن	ننن	n (ㄴ)
30	واو 버브	vāv	و	ووو	v.o.u.ou (ㅂ*6.오.우. 오우)
31	ه 헤	he	ه	ههه	h (ㅎ)
32	ی 예	ye	ی	ییی	y.i (ㅇ*.이)

    우리글의 '아버지'와 '오부자'를 예로 들 때 두 단어를 이란어의 정서법으로 쓰면 'ㅇㅂㅈ', 'ㅇㅂㅈ' 즉, 자음만을 쓰고, 모음인 ㅏ, ㅓ, I와 ㅗ, ㅜ, k는 표기하지 않는다. 따라서 이란어는 자음만으로 구성된 언어라 정의해도 과언이 아니다. 그러므로 초보자들은 문자의 정서법과 함께 모음의 음소에 각별히 주의해야 한다.

---

[5] 22번 게인과 유사한 음으로 성문폐쇄음으로 기억의 음을 강하게 냄.
[6] 영어의 v음임.

그리고 문자는 오른쪽에서 왼쪽으로 쓰며, 낱말 안에 놓이는 위치에 따라 모양이변한다. 위와 같이 처음형(頭字), 중간형(中子), 마지막형(尾字), 단독형 이 있다.

2. 자음

1) alef(ا) : 우리말의 이응과 같은 음을 갖고 있다. 낱말의 중간과 끝에 오는 경우는 모음의 "어"음 이 된다. 오른쪽에 오는 문자와는 연결된다. 그 러나 왼쪽에 오는 문자와는 연결되지 못한다.
2) be(ب) : 우리말의 ㅂ과 같은 음이다.
3) pe(پ) :우리말의 ㅍ음이며, 오른쪽과 왼쪽에 오 는 문자와 연결되어 쓰인다.
4) te(ت) : 우리말의 ㅌ음과 유사하며, 오른쪽과 왼 쪽에 오는 문자와 연결된다.
5) se(ث) : 영어의 sun의 s와 같은 음으로 우리말의 ㅆ과 유사하다. 15) sin과 17) sad의 s음과 동음인 자음이다.
6) jim(ج) : 영어의 jam의 j와 같은 음이며, 우리말 의 ㅈ음을 내며 윗 치아와 아래 치아를 살짝 부 딪히면 가장 유사한 음이 된다.
7) che(چ) : 우리말의 ㅊ음과 같다. 영어의 church의 ch의 음과도 유사하다.
8) he(ح) : 우리말의 ㅎ음과 영어의 h와 같은 음이 다.

9) khe(خ) : 목구멍 안쪽을 마찰해서 나오는 강한 h 음으로 독일어의 ich의 ch음이며, 보통 국제 음성학회 음운[x]를 표기하는 소리와 같다.

10) dal(د) : 우리말의 ㄷ음으로 1) alef와 마찬가지로 오른쪽에 오는 문자와는 연이어 쓰지만, 왼쪽에 오는 문자와는 분리되어 처음형으로 쓴다.

11) zal(ذ) : 영어의 z음과 같은 음이며, 13) ze, 18) zad, 20) za와 동음이다. 이 문자도 1) alef, 10) dal, 11) zal과 같은 정서법이 적용되어 왼쪽에 오는 문자와는 분리되어 처음형으로 쓴다.

12) re(ر) : 영어의 r과 같은 음이고, 우리말의 ㄹ음을 강하게 소리내면 가장 유사한 음이 된다. 1) alef, 10) dal, 11) zal과 같은 정서법이 적용되는 문자이다.

13) ze(ز) : 영어의 z와 같은 음이고, 이 자음 역시 1) alef, 10) dal, 11) zal, 12) re와 같이 정서된다.

14) zhe(ژ) : 영어의 pleasure의 s음과 같고, 불어의 jour의 j와도 같은 음이다. 1) alef, 10) dal, 11) zal, 12) re와 같이 정서된다.

15) sin(س) : 우리말의 ㅆ음이며, 5) se의 음과 같은 음가를 가진다. 영어의 sun의 s와도 유사한 음이다.

16) shin(ش) : 우리말의 '쉬'음과 같으며, 영어는 sh와 같은 음이 된다.

17) sad(ص) : 위의 5) se, 15) sin의 자음과 동일한 음가이며, 우리말의 ㅆ음과 같다.

18) zad(ض) : 영어의 z와 같은 음이며, 위의 11) zal, 13) ze와 동일한 음가를 갖고 있다.
19) ta(ط) : 우리말의 ㅌ음이며, 영어의 t보다 약간 가벼운 소리를 내면 가장 유사한 음이 된다. 4) te와 같은 음이다.
20) za(ظ) : 영어의 z음이며, 11) zal, 13) ze, 18) zad의 음가와 동일하다.
21) 'ein(ع) : 성문폐쇄음으로, 1) alef의 이응의 음을 약간 끊어지도록 성문을 닫아 소리내면 가장 유사한 음을 낼 수 있다. 이 자음을 음가만으로 모음으로 착각하는 경우가 많아 반드시 주의해야 할 문자 중의 하나이다.
22) ghein(غ) : 구개순음으로 성문 안에서 발음되는 g의 된소리이다.
23) fe(ف) : 무성 마찰음으로 영어의 f와 같은 음이다.
24) qaf(ق) ; 유성 마찰음으로 성문 안에서 발음되는 k음 또는 q음인데 현대 이란어에서는 몇 개의 단어를 제외하고는 거의 [gh]로 발음된다.
25) kaf(ک) : 우리말의 ㅋ음과 같은 음이다. 이 자음에 모음 ㅏ가 붙으면 '카'로 발음하지 않고, '캬'로 발음되는 특징이 있다.
26) gaf(گ) : 우리말의 ㄱ의 약간 가벼운 소리이다. 25) kaf와 마찬가지로 모음 ㅏ 가 붙으면 '가'로 발음하지 않고, '갸'로 발음되는 특징이 있다.
27) lam(ل) : 우리말의 ㄹ음과 같다. 이 자음이 낱말

가운데 온 경우에는 두 번 발음이 된다. 예를 들면, '싸럼(سلام)'이라 쓰고, 발음은 '쌀럼'이 된다.

28) mim(م) : 유성 비음으로 우리말의 ㅁ음과 같다.

29) nun(ن) : 치음으로 우리말의 ㄴ음과 같다.

30) vav(و) : 영어의 v 또는 w와 같은 음이며, 현대 이란어에서는 v음을 많이 사용한다. 이 문자는 모음이기도 하다. 단, 이 자음이 9) khe와 1) alef의 사이에 위치하면 묵음이 된다. 1) alef, 10) dal, 11) zal, 12) re, 14) zhe와 같은 정서법이 적용되는 문자이다.

31) he(ه) : 우리말의 ㅎ음과 같다. 앞의 8) he와 같은 음가를 가지고 있는 자음이다. 이 문자가 단어의 마지막에 위치하는 경우 두 가지 음으로 구분된다. 만일 모음과 연결이 되면 유음이 되지만, 자음과 연결되는 경우는 ㅔ로 발음이 되어, 본래의 음인 ㅎ 음은 묵음이 된다. 다시 말해 32자의 알파벳 중, 자음의 기능만을 하는 29개의 문자와 연결되면 '에'로 발음되어 ㅎ음은 없어진다. 그러나 모음 기능을 하는 3개의 문자(ا، و، ى)와 연결되면 ㅎ음을 낸다.

32) ye(ى) : 영어의 y와 같은 음이다. 이 자음에 모음 ㅏ가 붙으면 'ya(야)'음이 되고, 모음 ㅔ가 붙으면 'ye(예)'음이 되며, 모음 ㅗ 가 으면 'yo(요)'음이 된다.

3. 모음

이란어는 문법학자에 따라 모음을 2종류(단모음과 장모음) 또는 3종류(단모음, 장모음, 이중모음)로 분류한다. 본서에서는 이해의 폭을 넓힌다는 의도와 현대 문법의 일반적인 견해로 다음과 같이 분류한다.

1) 단모음
ㅏ, ㅔ, ㅗ 3가지가 있다. 이 모음들은 앞서 쓴 대로 문자로 표기되지 않고 부호로 대신한다.

① ㅏ[a]
32개의 문자 위에 '아' 음가를 갖고 있는 화테(fathe) 또는 제바르(zebar)라 불리는 모음 부호가 붙으면 'ㅏ'음을 넣어 발음한다.

② ㅔ[e]
32개의 문자 아래에 '에' 음가를 갖고 있는 캬쓰레(kasre) 또는 지르(zir)라 불리는 모음 부호가 붙으면 'ㅔ'음을 넣어 발음한다.

③ ㅗ[o]
32개의 문자 위에 '오' 음가를 갖고 있는 잠메(zamme) 또는 피쉬(pish)라 불리는 모음 부호가 붙으면 'ㅗ'음을 넣어 발음한다.

2) 장모음
ㅓ, ㅜ, ㅣ 3가지가 있다. 이 모음들은 문자로 표

기되어 위의 단모음에 비해 구별하기 쉽다.

① ㅓ[aː]

32개의 알파벳이 1) alef와 연결되면 '어' 음가를 가지게 되어 모든 음이 장음이 된다. 예를 들면, alef와 연결되어 '어[aː]'음, 2) be와 연결되어 '버[bː]' 음이 된다.

② ㅜ[uː]

32개의 알파벳이 30) vav와 연결되면 '우[uː]' 음가를 가지게 되어 장음이 된다. 그러나 일부 차용어와 외래어는 단모음 '오[o]' 또는 이중모음 '오우[ou]'로 발음하는 경우도 있다.

③ ㅣ[iː]

32개의 알파벳이 32) ye와 연결되면 '이[iː]' 음가를 가지게 되어 장음이 된다.

3) 이중모음

차용어와 외래어에 적용되는 'ㅔㅣ[ei]'와 'ㅗㅜ[ou]' 2가지가 있다.

① ㅔㅣ[ei]

단어의 첫 음에서 '에이' 음이 되는 경우는 1) alef와 32) ye가 오는 경우이고, 중간과 마지막에 '에이' 음이 되는 경우는 자음(32개 알파벳)과 32) ye가 연결될 때이다.

② ㅗㅜ[ou]

단어의 첫 음에서 '오우' 음이 되는 경우는 1) alef와 30) vav 가 오는 경우이고, 중간과 마지막에

'오우' 음이 되는 경우는 자음(32개 알파벳)과 30) vav가 연결될 때이다.

4. 그 밖의 부호

1) 함제(hamze)
알파벳의 31) he가 묵음이 될 때 그 위에 붙어서 수식이나 소유의 관계를 나타내는 문법적 부호로서 [ye]로 발음하고, 그것이 부정관사일 경우는 [i:]음이 된다.

2) 소쿤(sokun)
이란어의 조어는 자음+모음+자음+자음까지 올 수 있다. 다시 말해 끝에 오는 자음이 두 개까지 연결될 수 있어 완전 자음임을 나타낼 때 그 문자 위에 이 부호가 붙으면 반드시 자음으로 발음해야 한다.

3) 타쉬디드(tashdid)
이 부호가 자음 위에 붙으면 그 음을 두 번 활용하여 음을 낸다. 그러므로 이란어의 조어법에 따라 하나는 자음, 하나는 모음이 되거나 혹은 그 반대로 적용되는 경우가 있게 된다.

4) 탄빈(tavin)
1) alef 문자 위에 붙어서 [an]으로 발음한다. 아

랍어에서 차용된 부사어미이다.

5. 이란어의 문장구성

이란어의 문장 형식은 다른 인구어족에 비해 어순이 자유롭다. 문장의 형태를 간단히 설명하면 다음과 같다.
 1) 주어 + 보어 + 술어
 2) 주어 + 목적어 + 술어
 3) 주어 + 직접목적어(간접목적어) + 간접목적어(직접목적어) + 술어
 4) 주어 + 시간의 부사어 + 장소의 부사어 + 술어

II. 회화

1 인사말

이란인들은 전통적으로 만날때마다 인사 나누기를 좋아한다. 게다가 인사말의 다양한 표현과 여러 사람에 대한 관심은 안부 묻기에 많은 시간을 할애한다. 거리와 직장에서 자주 만나는 관계라 할지라도 인사는 반드시 나눈다. 그러므로 인사말은 매우 다양하다.

거리에서 흔히 볼 수 있는 매우 이란적인 장면으로 경찰관이 교통을 지도하다 운전하던 친구를 만나면 뒷 차의 형편은 아랑곳하지 않고 안부 인사를 장시간 나눈다.

그러다 보면 교통이 지체되게 되지만 누구도 이러한 상황을 재촉하는 운전자는 없다.

1. 안녕하세요.(여자를 총칭)

1- سلام، خانم. {سلام خانوم}

쌀럼 커눔

2. 안녕하세요.(남자를 총칭)

2- سلام، آقا.

쌀럼 어거

3. 안녕하세요.(아침인사)

3 -صبح بخير.

쏩 베케히르

4. 안녕하세요.(점심인사)

4 -روز بخير.

루즈 베케히르

5. 안녕하세요.(저녁인사)

5 -شب بخير.

쏩 베케히르

6. 안녕히 가세요. 안녕히 계세요.

6 -خدا حافظ. خدا نگهدار. {خدا فظ. خدا نگهدار}

코더 훼즈. 코더 네갸흐더르

7. 안녕하세요.(상대방을 지칭)

7 -حال شما چطور است؟ {حالتون چطوره؟}

헐레툰 체토레?

※ '쇼머(당신)'는 인칭대명사로 나(만), 너(토), 그. 그녀(우), 우리(머), 그들(언허, 이슌)로 표현될 때는 각 인칭에 따라 동사는 바뀌게 된다.

8. 안녕하세요.(상대방을 지칭)

8 -احوال شما؟

아흐벌레 쇼머?

※ 존칭을 나타낼 때 사용한다.

9. 안녕하세요?(상대방을 지칭)

9- حالتان خوب است؟{حالتون خوبه؟}

헐레툰 쿠베?

10. 어떻게 지내셨어요?

10- اوضاع و احوال چطور است؟{اوضاع و احوال چطوره؟}

오저오 아흐벌 체토레?

11. 잘 지내세요?

11- خوش می گذرد؟{خوش میگذره؟}

코쉬 미그자레?

12. 덕분에 잘 지냅니다.

12- الحمدلله، خوبم.{الحمدولا، خوبم}

알함돌러 쿠밤

13. 좋은 여행이 되세요.

13- سفر بخیر.

싸화르 베케히르

14. 즐겁게 보내세요.

14- خوش بگذرد.{خوش بگذره}

코쉬 베그자레

15. 건강하세요.

15 - سلامت باشید. {سلامت باشین}

쌀러마트 버쉰

16. (매사에) 성공하시기를…

16 - موفق باشید. {موفق باشین}

모바하그 버쉰

17. 안녕하시기를…(건강을 해치지 않으시기를…)

17 - خسته نباشید. {خسته نباشین}

카스테 나버쉰

※ 이 표현은 자주 만나는 관계에서 만날때마다 쓸 수 있는 인사말이다. 직역을 하면 '피로하지 않기를…'이다. 직장이나 학교에서 많이 들을 수 있다. 그 대답으로는 '대단히 감사합니다(케일리 맘눈), 당신도 역시(쇼머 함 함쵸닌)'가 된다.

18. 안녕히 가세요. 안녕히 계세요.

18 - فعلاً خدا حافظ. {فعلن خدا فظ}

훼엘란 코더 훼즈

※ 이 표현은 자주 만나는 관계에서 인사말과 함께 작별할 때 그 대답으로 직역을 하면 '(언제 다시 만날 수 있겠지만) 지금은 안녕'이 됩니다.

19. 안녕히 가세요. 안녕히 계세요.

19 - قربان شما. قربانتان بروم.
{قربون شما. قربونتون برم.}

고르부네 쇼머. 고르부네툰 베람

※ 이 표현의 직역은 '(나는) 당신의 희생양'으로 그만큼 당신을 위해 죽을 각오가 되어있다는 의미이다. 요즈음의 세대들은 전에 비해 많이 사용하지 않으며 동성간이나 노년층에서 자주 쓰인다.

인사말

20. 고맙습니다.

20- مرسی.

메르씨

21. 대단히 고맙습니다.

21- خیلی ممنون.

케일리 맘눈

22. 고맙습니다.

22- متشکرم. تشکر می کنم. {مچکرم. تشکر میکنم}

모차케람. 타쇼코르 미코남

23. 천만에요.

23- خواهش می کنم. {خاهش میکنم}

커헤쉬 미코남

24. 부탁합니다.

24- خواهش می کنم. لطفاً. {خاهش میکنم. لطفن}

커헤쉬 미코남. 로트환.

25. 미안합니다.

25- ببخشید. میبخشید. {ببخشین. میبخشین}

베바크쉰, 미바크쉰

인사말

26. 죄송합니다.

26 - عذر می خواهم. معذرت می خواهم.
{عذر میخام. معذرت میخام}

오즈르 미컴. 마아자라트 미컴.

27. 제발.

27 - لطفاً.} لطفن{

로트환

2 일상생활

1. 누구세요?

1- کیست؟ {کیه؟}

키예?

2. 집에 누가 있어요?

2- کسی در خانه هست؟ {کسی خونه اس؟}

캬씨 쿠네 아쓰?

3. 아무도 없어요.

3- کسی خانه نیست. {کسی خونه نیس}

캬씨 쿠네 니스.

4. 누구나 그(것)를 좋아합니다.

4- همه از آن خوششان می آید.
{همه از اون خوششون میاد}

하메 아즈 운 호쉐슌 미어드.

5. 누가 당신에게 그렇게 말했습니까?

5- کی به شما اینطور گفته است؟. کی گفته است؟
{کی بهتون اینطور گفته؟ کی فته؟}

키 베헤툰 인토르 고프테?. 키 고프테?

6. 누가 방금 도착했습니까?

6 - چه کسی تازه رسیده است؟
{کی تازه رسیده؟}

키 터제 레씨데?

7. 누가 방금 도착했는지 나는 모릅니다.

7 - نمی دانم که چه کسی تازه رسیده است.
{نمیدونم کی اره رسیده}

네미두남 키 터제 레씨데

8. 나는 약 2000토만이 필요합니다.

8 - تقریباً دو هزار تومان لازم دارم.
{تقریین دو هزار تومن لازم دارم}

타그리반 도 헤저르 토만 러젬 더람.

9. 얼마나 걸릴까요?

9 - چقدر طول می کشد؟{چقد طول میکشه؟}

체가드 툴 미케쉐?

10. 약 이틀 걸립니다.

10 - درحدود دو روز طول می کشد.
{حدود دو روز طول میکشه}

호두데 도 루즈 툴 미케쉐.

11. 나는 사진찍기를 원합니다.

11 - می خواهم عکس بیندازم.{میخوام عکس بندازم}

미컴 악스 벤더잠.

12. 여기서 사진찍어도 되겠습니까?

12 - آیا می شود اینجا عکس انداخت؟
{میشه اینجا عکس انداخت؟}

미쉐 인저 악스 안더크트?

13. 나는 옷을 갈아입고 싶습니다.

13 - می خواهم لباسم را عوض کنم.
{میخام لباسمو عوض کنم}

미컴 레버싸모 아바즈 코남.

14. 지금 나는 옷을 입을 준비를 해야합니다.

14 - حالا باید آماده لباس پوشیدن بشوم.
{حالا باید آماده ی لباس پوشیدن بشم}

헐러 버야드 어머데에 레버스 푸쉬단 베솜.

15. 당신은 따뜻합니까?

15 - گرمتان است؟ {گرمتونه؟}

갸르메투네?

16. 당신은 언제 도착했습니까?

16 - شما کی تشریف آوردید؟. کی آمدید؟
{شما کی تشیف آوردین؟. کی ومدین؟}

쇼머 케이 타쉬푸 어바르딘?. 케이 우마딘?

17. 언제 우리는 갑니까?

17 - کی حرکت می کنیم؟

케이 하라캬트 미코님?

일상생활

18. 언제 당신은 돌아옵니까?

18 - کی برمی گردید؟ {کی برمیگردین؟}

케이 바르미갸르딘?

19. 그는 언제 준비가 될까요?

19 - او کی آماده می شود؟ {او کی آماده میشه؟}

우 케이 어머데 미쉐?

20. 얼만큼 걸리지요?

20 - چند ساعت طول می کشد؟ {چند ساعت طول میکشه؟}

찬드 써아트 툴 미케쉐?

21. 몇 일 걸립니까?

21 - چند روز طول می کشد؟ {چند روز طول میکشه؟}

찬드루즈 툴 미케쉐?

22. 당신(남자)은 몇 명의 아이가 있습니까?

22 - ببخشید آقا، شما چند تا بچّه دارید؟ {ببخشین آقا، چند تا بچه دارین؟}

베바크쉰 어거, 찬드 터 바체 더린?

23. 나는 모릅니다.

23 - نمی دانم. {نمیدونم}

네미두남

30 • 이란어회화

24. 누가 당신에게 그렇게 말했습니까?

24 - چه کسی به شما آنطور گفته بود؟
{کی بهتون اونطور گفته بود؟}

키 베헤툰 운토르 고푸테 부드?

25. 왜 당신은 미리 나에게 말하지 않았습니까?

25 - چرا قبلاً به من نگفتید؟ {چرا قبلن بمن نگفتین؟}

체러 가불란 베만 나고프틴?

26. 당신이 그 일을 하면, 당신은 벌받을 겁니다.

26 - اگر شما آن کار را بکنید بد می بینید.
{اگه شما اون کارو بکنین بد میبینین}

아게 쇼머 운 커러 보코닌, 바드 미비닌

27. 내 옷은 지저분합니다.

27 - لباسم کثیف است. {لباسم کثیفه}

레버쌈 캬씨훼

28. 지금 나는 매우 바쁩니다.

28 - الان سرم خیلی شلوغ است. {الان سرم خیلی شلوغه}

알런 싸람 케일리 숄루게

29. 그는 하루 종일 바쁜 것 같습니다.

29 - بنظرم می آید و تمام روز گرفتار باشد.
{بنظرم میآد و تمام روز گرفتار باشه}

베나쟈람 미어드 우 타머메 루즈 게레후터르 버쉐

일상생활

30. 지금 나는 한가합니다.

30 - الان سرم خلوت است.{الان سرم خلوته}
알런 싸람 칼바테.

31. 그 사람(남자)은 갑자기 나타났습니다.

31 - آن آقا سرزده آمد.{اون آقا سرزده اومد}
운 어거 싸르자데 우마드

32. 그 부인은 실신했습니다.

32 - آن زن غش کرد.{اون زن غش کرد}
운 잔 가쉬 캬르드

33. 지금 당신은 어디에 살고 있습니까?

33 - الان شما در کجا زندگی می کنید؟
{الان کجا زندگی میکنین؟}
알런 코저 젠데기 미코닌?

34. 지금 나는 테헤란에 살고 있습니다.

34 - در تهران زندگی می کنم{تهرون زندگی میکنم}
테흐룬 젠데기 미코남

35. 지금 당신은 무엇을 합니까?

35 - شغل شما چیست؟، چه کاره اید؟
{شغلتون چیه؟، چی کاره این؟}
쇼글레툰 치예?. 치 커레 인?

36. 지금 나는 은행에서 일하고 있습니다.

36- در بانک کار می کنم. {تو بانک کار میکنم}

투 번크 커르 미코남

37. 당신은 살이 좀 쪘군요.

37- شما یک کمی چاق شده اید. {شما یه کمی چاق شدین}

쇼머 예 캬미 처그 쇼딘

38. 나는 그 일에 대해 전혀 모릅니다.

38- من راجع به آن مطلب چیزی نمی دانم. {من راجع به اون مطلب چیزی نمیدونم}

만 러제 베 운 마트랍 치지 네미두남

39. 나는 어떻게 말할지 모르겠습니다.

39- نمی دانم چه بگویم. {نمیدونم چی بگم}

네미두남 치 베걈

40. 물론 나는 알고 있습니다.

40- البته که می دانم. {البته که میدونم}

알바테 케 미두남

41. 당신이 아시는 바와 같습니다.

41- همانطور است که شما می دانید. {همونطوره که میدونین}

하문토레 케 미두닌

42. 당신은 그를 압니까?

42 - شما ایشان را می شناسید؟{ایشونو میشناسین؟}
이슈노 미쉐너씬?

43. 예, 저는 알고 있습니다.

43 - بله، او را می شناسم.{بله، میشناسمش}
발레, 미쉐너싸메쉬

44. 나는 그를 보다 더 잘 알고 있습니다.

44 - من او را بهتر می شناسم{من اونو بهتر میشناسم}
만 우노 베흐타르 미쉐너쌈.

45. 나는 그가 어디에 있는지 압니다.

45 - می دانم او کجاست.{میدونم او کجاست}
미두남 우 코저스

46. 당신은 그 부인을 아십니까?

46 - شما آن خانم را می شناسید؟{اون خانمو میشناسین؟}
운 커누모 미쉐너씬?

47. 나는 버스에 우산을 잊고 놓아 두었습니다.

47 - چترم را در اتوبوس جا گذاشتم.
{چترم رو تو اتوبوس جا گذاشتم}
차트람러 투 오토부스 저 고저쉬탐

48. 왜 당신은 그렇게 걱정하십니까?

48- چرا اینقدر نگرانید؟ {چرا اینقد نگرونین؟}

체러 인가드 네갸루닌?

49. 걱정마세요.

49- نگران نباشید. {نگرون نباشین}

네갸룬 나버쉰

50. 걱정할 이유가 없습니다.

50- دلیلی برای نگرانی نیست. {دلیلی برا نگرونی نیس}

달릴리 바러 네갸루니 니쓰

51. 나는 그 일을 알고 싶어 못견디겠습니다.

51- خیلی دلم می خواهد که از آن موضوع سر در بیاورم.
{خیلی دلم میخاد که از اون موضوع سردربیارم}

케일리 델람 미커드 케 아즈 운 모주우 싸르 다르 비어람

52. 우리는 우리의 본분을 해야 합니다.

52- ما باید به وظایف خود عمل کنیم.

머 버야드 베 바저예페 코드 아말 코님

53. 당신은 프랑스어를 말할 줄 아십니까?

53- آیا شما زبان فرانسه می دانید؟. شما زبان فرانسه بلدید؟
{زبون فرانسه میدونین؟ . زبون فرانسه بلدین؟}

쟈부네 화런쎄 미두닌?. 쟈부네 화런쎄 발라딘?

54. 당신은 슬프게 보입니다.

54 - شما غمگین بنظر می آیید.{غمگین بنظر میایین}

감긴 베나자르 미아인

55. 당신은 슬픔을 느끼십니까?

55 - آیا دلتان گرفته است؟{دلتون گرفته؟}

델레툰 게레푸테?

56. 그것은 좀 이상합니다

56 - آن یک کمی عجیب است.{اون یه کمی عجیبه}

운 예 캬미 아지베

57. 매일 나는 세끼를 먹습니다.

57 - هر روز سه وعده غذا می خورم.

하르 루즈 쎄 바으데 가저 미코람

58. 당신은 오늘 신문을 읽었습니까?

58 - امروز روزنامه را خواندید؟{امروز روزنامه رو خوندین؟}

엠루즈 루즈너마로 쿤딘?

59. 오늘 나는 매우 바쁩니다.

59 - امروز خیلی گرفتار هستم.{امروز خیلی گرفتارم}

엠루즈 케일리 게레프터람

60. 그렇게 빨리 달리지 마세요.

60 -اینقدر تند نروید {اینقد تند نرین}

인가드르 톤드 나린

61. 당신은 확실하십니까?

61 -مطمئن هستید؟ {مطمئنین؟}

모트마에니?

62. 나는 확실하지 않습니다.

62 -مطمئن نیستم.

모트마엔니스탐

63. 당신은 매우 열심입니다.

63 -شما آدم پرکاری هستید. شما آدم پر انرژی هستید. {آدم پرکاری هستین. آدم پر انرژی هستین}

어다메 포르커르 하스틴. 쇼머 포르 에네르지 하스틴

64. 당신의 시계는 늦습니다.

64 -ساعت شما عقب است. {ساعت شما عقبه}

써아테 쇼머 아갑베

65. 우리 걸어갑시다.

65 -پیاده برویم {پیاده بریم}

피어데 베림

66. 여기는 매우 큰 도시입니다.

66 - اینجا شهر بزرگی است. {اینجا شهر بزرگیه}

인저 쇼흐레 보조르기예

67. 빨리 올라가세요.

67 - زود بالا بروید {زود بالا برین}

쥬드 벌러 베린

68. 당신은 노저을 줄 아십니까?

68 - آیا شما قایق رانی بلدید؟ {قایق رونی بلدین؟}

거예그 루니 발라딘?

69. 그를 놀리지 마십시오.

69 - او را مسخره نکنید. {اونو مسخره نکنین}

우노 마쓰카레 나코닌

70. 개를 괴롭히지 마십시오.

70 - سگ را اذیت نکنید {سگو اذیت نکین}

싸고 아지야트 나코닌

71. 당신은 전혀 건강에 주의를 하지 않습니다.

71 - شما اصلاً به سلامتی خودتان توجه ندارید. {شما اصلن به سلامتی خودتون توجه ندارین}

쇼머 아쓸란 베 쌀러마티에 코데툰 타바죠흐 나더린

72. 나는 당신에게 그것을 보여 주겠습니다.

72 - من آن را به شما نشان می دهم.
{من اونو به شما نشون میدم}

만 우노 베 쇼머 네 미담

73. 나는 단지 약간의 영어를 말할 뿐 입니다.

73 - من فقط یک کمی انگلیسی حرف می زنم.
{من فقط یه کمی انگلیسی حرف میزنم}

만 화가트 예 캬미 엥겔리씨 하르후 미자남

74. 이것은 당신의 몫입니다.

74 - این مال شماست. {این مال شماس}

인 멀레 쇼머쓰

75. 나의 꿈이 실현되었습니다.

75 - به آرزویم رسیدم. {به آرزوم رسیدم}

베 어레줌 레씨담.

76. 안녕하세요. 남자, 여자, 어린 소녀, 어린 소년.

76 - سلام آقا، خانم، دخترخانم، آقا پسر.
{سلام آقا، خانوم، دختر خانوم، آقا پسر}

쌀럼 어거, 커눔, 도크타르 커눔, 어거 페사르

77. 우리 영화보러 갑시다.

77 - برویم سینما. {بریم سینما}

베림 씨네머

78. 제일 좋은 극장이 어디에 있죠?
78 - بهترین سینما کدام است؟ {بهترین سینما کدومه؟}
베흐타린 씨네머 코두메?

79. 나는 견딜 수가 없습니다.
79 - دیگر تحمّل ندارم. {دیگه تحمل ندارم}
디게 타함몰 나더람

80. 나에게 물 한잔 주세요.
80 - لطفاً یک لیوان آب بدهید {لطفن یه لیوان آب بدین}
로트환 예 리번 업 베딘

81. 그 책을 주시겠습니까?
81 - می شود آن کتاب را بدهید؟ {میشه اون کتابو بدین؟}
미쉐 운 케터보 베딘?

82. 나는 기꺼이 당신에게 그것을 빌려드리겠습니다.
82 - با کمال میل آن را پیش شما به امانت می گذارم. {با کمال میل اونو پیش شما به امانت میذارم}
버 캬멀레 메일 우노 피쉐 쇼머 베 아머나트 미저람

83. 내가 소개를 하겠습니다. 이 분은 김씨입니다.
83 - معرفی می کنم، ایشان آقای کیم هستند. {معرفی میکنم، ایشون آقای کیم هستن}
모알레휘 미코남. 이순 어거예 킴 하스탄

84. 그렇게 빨리 말하지 말아주십시오.

۸۴- لطفاً اینقدر تند حرف نزنید.
{لطفن اینقدر تند حرف نزنین}

로트환 인가드 톤드 하르후 나자닌

85. 더 빨리 가십시오.

۸۵- تندتر بروید.{تندتر برین}

톤드타린 베린

86. 나는 여기가 살기 좋습니다.

۸۶- دوست دارم در این محل زندگی کنم.
{دوس دارم تو این محل زندگی کنم}

두스트 더람 투 인 마할 젠데기 코남

87. 앉으십시오.

۸۷- بفرمایید بنشینید{بفرمایین بشینین}

베화르머인 베쉬닌

88. 하산씨는 집에 계십니까?

۸۸- حسن آقا در خانه تشریف دارند؟. حسن آقا در خانه هستند؟
{حسن آقا خونه تشیف دارن؟. حسن آقا خونه هستن؟}

하산 어거 쿠네 타쉬프 더란?. 하산 어거 쿠네 하스탄?

89. 지금 나는 집에 돌아갈 겁니다.

۸۹- همین الان به خانه بر می گردم.
{همین الان به خونه برمیگردم}

하민 알런 베 쿠네 바르 미갸르담

90. 나는 열시부터 열두시까지 집에 있습니다.

90 - من بین ساعت ده تا دوازده در خانه می مانم.
{من بین ده تا دوازده خونه میمونم}

만 베이네 다흐 터 다버즈다흐 쿠네 미무남

91. 잠깐만 기다려 주십시요.

91 - خواهش می کنم چند لحظه صبر کنید.
{خاهش میکنم چن لحظه صب کنین}

커헤쉬 미코남 찬 라흐제 싸브 코닌

92. 부인하지 마십시오.

92 - امیدوارم مخالفت نکنید. {امیدوارم مخالفت نکنین}

오미드버람 모커레하트 나코닌

93. 잠시 기다리세요.

93 - یک لحظه صبر کنید {یه لحظه صب کنین}

예 라흐제 싸브 코닌

94. 내가 돌아올 때까지 기다려 주십시오.

94 - منتظرم بمانید. منتظرم باشید.
{منتظرم بمونین. منتظرم باشین}

몬타제람 베무닌. 몬타제람 버쉰

95. 불장난하지 마십시오.

95 - با آتش بازی نکنید. {با آتیش بازی نکنین}

버 어티쉬 버지 나코닌

96. 당신은 이 일에 관심을 가지세요.

96 - لطفاً به این کار توجّه کنید.
{لطفن به این کار توجّه کنین}

로트환 베 인 커르 타바조흐 코닌

97. 이제 일어날 시간이 되었습니다.

97 - حالا وقت بلند شدن است. حالا وقت بیدار شدن است.
{حالا وقت بلند شدنه. حالا وقت بیدار شدنه}

헐러 바그테 볼란드 쇼다네. 헐러 바그테 비더르 쇼다네

98. 나를 위해 짐을 준비해 주세요.

98 - لطفاً بارم را ببندید.{لطفن بارمو ببندین}

로트환 버라모 베반딘

99. 손 좀 닦게 수건 하나 나에게 주십시오.

99 - لطفاً یک حوله بدهید{لطفن یه حوله بدین}

로트환 예 홀레 베딘

100. 그 부인은 말을 너무 많이 합니다.

100 - آن خانم پرحرف است. آن خانم وراج است.
{اون خانوم پرحرفه. اون خانوم وراجه}

운 커눔 포르하르페. 운 커눔 베러제

101. 나는 아직 밥을 먹지 않았습니다.

101 - من هنوز غذا نخورده ام.{من هنوز غذا نخوردم}

만 하누즈 가저 나코르담

102. 당신은 이제 알겠습니까?

102 - آیا شما بالاخره فهمیدید؟ {بلخره فمیدین؟}

벨라카레 화미딘?

103. 아직 파리에 가 본적이 한번도 없습니다.

103 - حتیَ یک بار هم به پاریس نرفته ام. {حتّا یه بارم پاریس نرفتم}

핫터 예 버람 퍼리스 나라프탐

104. 끝났습니까?

104 - تمام شد؟ {تموم شد؟}

타뭄쇼드?

105. 아직 끝나지 않았습니다.

105 - هنوز تمام نشده است. {هنوز تموم نشده}

하누즈 타뭄 나쇼데

106. 이 상자는 무엇이 담겨 있습니까?

106 - در این جعبه چیست؟ {تو این جبه چیه؟}

투 인 자베 치예?

107. 그를 꾸짖지 마십시오.

107 - او را سرزنش نکنید. {اونو سرزنش نکنین}

우노 싸르자네쉬 나코닌

108. 나는 정오쯤에 돌아오겠습니다.

108 - حدود ظهر می آیم. {حدود ظهر میآم}
호두데 죠흐르 미엄

109. 대략 얼마나 걸리겠습니까?

109 - تقریباً چقدر طول می کشد؟
{تقریبن چقدر طول میکشه؟}
타그리반 체가드르 툴 미케쉐?

110. 그것은 이틀쯤 걸립니다.

110 - آن کار حدوداً دو روز طول می کشد.
{اون کار حدودن دو روز طول میکشه}
운 커르 호두단 도 루즈 툴 미케쉐

111. 나는 차마 말할 수 없습니다.

111 - اصلاً نمی توانم بگویم. {اصلن نمیتونم بگم}
아슬란 네미투남 베감

112. 천만에요.

112 - خواهش می کنم. اختیار دارید.
{خاهش میکنم. اختیار دارین}
커헤쉬미코남. 에크티어르 더린

113. 나의 이름은 민입니다.

113 - اسم من مین است. {اسم من مینه}
에스메 만 민 예

114. 당신의 이름은 무엇입니까?

114 - اسم شما چیست؟ {اسم شما چیه؟}

에스메쇼머 치예?. 너메 쇼머 치예?

115. 나는 단지 그 아가씨의 이름만 알고 싶습니다.

115 - من فقط اسم آن خانم را می دانم.
{من فقط اسم اون خانومو میدونم}

만 화가트 에스메 운 커누모 미두남

116. 당신을 만나게되어 매우 기쁩니다.

116 - از دیدن شما خیلی خوشوقتم.

아즈 디다네 쇼머 케일리 코쉬바그탐

117. 우리 산책하러 갑시다.

117 - برویم قدم بزنیم. {بریم قدم بزنیم}

베림 가담 베자님

118. 내게 가르쳐 주세요.

118 - به من یاد بدهید. {بمن یاد بدین}

베만 여드베딘

119. 누가 당신에게 영어를 가르쳤습니까?

119 - چه کسی به شما انگلیسی را یاد داده است؟
{کی به شما انگلیسی رو یاد داده؟}

키 베쇼머 엥겔리씨로 여드 더데?

120. 그는 매우 귀찮게 합니다.

120 - او خیلی من را اذیت می کند.
{او خیلی منو اذیت میکنه}
우 케일리 마노 아지야트 미코네

121. 당신은 증명할 수 있습니까?

121 - آیا می توانید ثابت کنید؟ {میتونین ثابت کنین؟}
미투닌 써베트 코닌?

122. 그는 비록 몸이 크지만, 그러나 약합니다.

122 - با این که هیکلمند بنظر می آید، ولی ضعیف می باشد. {با اینکه هیکل منده، ولی ضیفه}
버 인케 헤이캴만데, 발리 쟈이페

123. 당신이 아무리 건강하다 할지라도…

123 - هر چقدر هم که سلامت باشید…
{هر چقدم سلامت باشین…}
하르 체 가담 쌀러마트 버쉰…

124. 왜 그 남자는 당신을 꾸짖습니까?

124 - چرا آن آقا شما را سرزنش می کند؟
{چرا اون آقا شما رو سرزنش میکنه؟}
체러 운 어거 쇼머로 싸르자네쉬 미코네?

125. 다른 기회에 나는 거기에 가겠습니다.

125 - در فرصت دیگر به آنجا خواهم رفت.
{در فرصت دیگه به اونجا میرم}
다르 호르싸테 디게 베 운저 미람

126. 그 아가씨는 귀엽습니다.
126 - آن دختر با نمک است.{اون دختر با نمکه}
운 도크타르 버 나마케

127. 이 모든 일의 원인은 무엇입니까?
127 - علت تمام این جریان چیست؟
{علت تموم این جریون چیه؟}
엘라테 타머메 인 자리윤 치예?

128. 왜 당신은 주저하십니까?
128 - چرا شما دو دل هستید؟{چرا شما دو دلین؟}
체러 쇼머 도 델린?

129. 벽의 세로 길이는 얼마입니까?
129 - ارتفاع دیوار چقدر است؟ {ارتفاع دیوار چقدره؟}
에르테휘에 디버르 체가드레?

130. 그것의 세로 길이는 10m입니다.
130 - ارتفاع آن ده متر است.{ارتفاع اون ده متره}
에르테휘에 운 다흐 메트레

131. 그것은 길이가 200m입니다.
131 - ارتفاع آن دویست متر است.
{ارتفاع اون دویست متره}
에르테휘에 운 데비스트 메트레

132. 저 사람은 나에게 거짓말했습니다.

132 - آن آقا به من دروغ گفت.
{اون آقا بمن دروغ گفت}

운 어거 베 만 도루그 고프트

133. 그것은 매우 더럽습니다.

133 - آن چیز خیلی کثیف است. {اون چیز خیلی کثیفه}

운 치즈 케일리 캬씨페

134. 어찌되었던 간에 나에게 알려주세요.

134 - در هر حال به من خبر بدهید.
{درهرحال بمن خبر بدین}

다르 하르 헐 베만 카바르 베딘

135. 그는 얼굴 모습이 잘 생겼습니다.

135 - او آدم خوش قیافه ای است. او خوش قیافه است.
{او آدم خوش قیافه ایه. او خوش قیافس}

우 어다메 코쉬기어훼이 예. 우 코쉬 기어화쓰

136. 나를 용서해 주십시오.

136 - مرا ببخشید. {منو ببخشین}

마노 베바크쉰

137. 이것을 어떻게 사용합니까?

137 - از این چیز چطور استفاده می کنید؟
{از این چیز چطور استفاده میکنین؟}

아즈 인 치즈 체토르 에스테훠데 미코닌?

138. 그것은 나에게 쓸모 없습니다.

138 - آن چیز برای من ارزشی ندارد.
{اون چیز برام ارزشی نداره}
운 치즈 바람 아르제쉬 나더레

139. 이것은 무엇을 하는데 쓰입니까?

139 - این به چه کار می آید؟{این به چه کار میاد؟}
인 베 체 커르 미어드?

140. 당신은 지금 무엇을 할 작정입니까?

140 - می خواهید چه کار کنید؟{میخاین چی کار کنین؟}
미커인 치 커르 코닌?

141. 잠깐만 멈추십시오.

141 - یک دقیقه توقف کنید.{یه دیقه توقف کنین}
예 다게 타바고프 코닌.

142. 내 시계는 죽었습니다.

142 - ساعتم خوابیده است.{ساعتم خابیده}
써아탐 커비데

143. 그것을 책상 밑에 두세요.

143 - آن را زیر میز بگذارید{اونو زیر میز بذارین}
우노 지레 미즈 베저린

144. 그가 간 것 같습니다.

144 - فکر می کنم او رفته باشد.
{فکر میکنم رفته باشه}

훼크르 미코남 라프테 버쉐

145. 그렇다면…

145 - اگر ... بود ...{اگه ... بود ...}

아게… 부드 ….

146. 그것은 나에게 아무런 가치가 없습니다.

146 - آن چیز برای من هیچ ارزشی ندارد.
{اون چیز برام هیچ ارزشی نداره}

운 치즈 바럼 히츠 아르제쉬 나더레

147. 당신은 무엇인가 잃어버린 것이 있습니까?

147 - شما چیزی گم کرده اید؟{چیزی گم کردین؟}

치지 곰 캬르딘?

148. 당신은 그것을 어디서 잃어버렸습니까?

148 - آن را کجا گم کرده اید؟{اونو کجا گم کردین؟}

우노 코저 곰 캬르딘?

149. 내게 대답을 빨리 해 주세요.

149 - زود به من جواب بدهید.{زود بمن جواب بدین}

쥬드 베 만 자법 베딘

150. 왜 당신은 대답하지 않았습니까?

150 - چرا جواب ندادید؟.{چرا جواب ندادین؟}

체러 자법 나더딘?

151. 당신은 아프십니까?

151 - شما کسالت دارید؟. مریض هستید؟
{کسالت دارین؟ مریضین؟}

케써라트 더린?. 마리진?

152. 나의 마음 속에서부터…

152 - از دل و جان … {از دلو جون…}

아즈 델로 준 ….

153. 알리씨는 나의 특별한 친구입니다.

153 - علی آقا دوست صمیمی من است.
{علی آقا دوست صمیمی منه}

알리 어거 두스테 싸미미예 마네

154. 우리는 저쪽까지 갑시다.

154 - به آن سمت برویم.{به اون سمت بریم}

베 운 쌈트 베림

155. 매우 비쌉니다.

155 - خیلی گران است.{خیلی گرونه}

케일리 게루네

156. 화장실은 어디에 있습니까?

156 - دستشویی کجاست؟. توالت کجاست؟
{دستشویی کجاس؟. توالت کجاس؟}
다스트쉬이 코저스?. 토알레트 코저스?

157. 나는 사건의 전말이 어떻게 되었는지 이해할 수 없습니다.

157 - نمی دانم جریان این داستان چیست.
{نمیدونم جریان این داستان چیه}
네미두남 자랴여네 인 더스턴 치예

158. 당신은 그가 어디에 있는지 아십니까?

158 - می دانید او کجاست؟ {میدونین کجاس؟}
미드닌 코저쓰?

159. 당신은 여기 있은지 오래 되었습니까?

159 - خیلی وقت است که شما اینجا هستید؟
{خیلی وقته شما اینجا هستین؟}
케일리 바그테 케 쇼머 인저 하스틴?

160. 나의 모자는 어디에 있습니까? 여기 있습니다.

160 - کلاه من کجاست؟ اینجاست. {کلام کجاس؟ اینجاس}
콜럼 코저스? 인저스

161. 매우 아름답습니다.

161 - خیلی قشنگ است. {خیلی قشنگه}
케일리 가상게

일상생활

162. 나는 더위에 대해서는 별 신경 쓰지 않습니다.

162 - گرما مرا اذیت نمی کند. {گرما منو اذیت نمیکنه}

갸르머 마노 아지야트 네미코네

163. 당신은 갈 수 있습니까?

163 - شما می توانید بروید؟ {میتونین برین؟}

미투닌 베린?

164. 이 길로 갑시다.

164 - از این راه برویم. {از این را بریم}

아즈 인 러 베림

165. 저 길로 가지 마십시오.

165 - از آن راه نروید. {از اون را نرین}

아즈 운 러 나린

166. 우리 저 언덕 꼭대기에 오릅시다.

166 - برویم بالای تپه. {بریم بالای تپه}

베림 벌러예 테페

167. 나에게 당신의 주소를 알려주세요.

167 - آدرستان را به من بگویید. {آدرستونو بمن بگین}

어드레세투노 베만 베긴

168. 나는 정말 그렇게 할 작정입니다.

168 - حتماً همان طور عمل خواهم کرد.
{حتمن همونطور عمل می کنم}

하트만 하문 토르 아말 미코남

169. 그것은 무엇입니까?

169 - آن چیست؟{اون چیه؟}

운 치예?

170. 그렇다면 됐습니다.

170 - پس اگر این جوری است! باشد.
{پس اگه اینجوریه! باشه}

파쓰 아게 인쥬리예! 버쉐

171. 그렇게는 안됩니다.

171 - به آن صورت نمی شود.
{به اون صورت نمیشه}

베 운 쑤라트 네미쉐

172. 읽기 매우 어렵습니다.

172 - خواندن خیلی مشکل است. {خوندن خیلی مشکله}

쿤단 케일리 모쉬켈레

173. 창문을 잠궈 주세요.

173 - پنجره را ببندید.{پنجره رو ببندین}

판제레로 베반딘

174. 비가 쏟아지고 있습니다.

174 - باران تند می بارد.{بارون تند میباره}

버룬 톤드 미버레

175. 당신은 미혼이지요?

175 - شما مجرد هستید، مگر نه؟{شما مجردین، مگه نه؟}

쇼머 모자라딘, 마게 나?

176. 나를 거들어 주세요.

176 - به من کمک کنید. من را یاری دهید.{بمن کمک کنین. منو یاری دهین}

베 만 코마크 코닌. 마노 여리 다힌

177. 나를 잠시 기다리십시오.

177 - برای من یک کمی صبر کنید. کمی منتظرم بمانید.{برام یه کمی صب کنین. کمی منتظرم بمونین}

바럼 예 캬미 싸브 코닌. 캬미 몬타제람 베무닌

178. 우리 잠시 기다립시다.

178 - کمی صبر کنیم.{کمی صب کنیم}

캬미 싸브 코님

179. 나는 더이상 기다리지 못합니다.

179 - بیشتر از این نمی توانم صبر کنم.{بیشتر از این نمیتونم صب کنم}

비쉬타르 아즈 인 네미투남 싸브 코남

180. 당신은 얼마나 오랫동안 기다리셨습니까?

180 - چند وقت است که منتظر من هستید؟.
{چن وقته که منتظرم هستین؟}

찬드 바그테 케 몬타제람 하스틴?

181. 나는 반시간을 기다렸습니다.

181 - من نیم ساعت منتظر بودم.
{نیم ساعت منتظربودم}

님 써아테 몬타제르 부담

182. 당신을 기다리게 해서 죄송합니다.

182 - معذرت می خواهم که شما را منتظر گذاشتم.
{معذرت میخام شما رو منتظر گذاشتم}

마아자라트 미컴 쇼머로 몬타제르 고저쉬탐

183. 그게 사실입니까?

183 - جدّی است؟{جدیه؟}

젠디예?

184. 이것은 정말 사실입니다.

184 - این واقعاً جدّی است. {این واقعن جدی یه}

인 버게안 젠디예

185. 당신은 피곤하십니까?

185 - آیا شما خسته اید؟ {خسته این؟}

카스테인?

186. 나는 매우 피곤합니다.

186 - خيلى خسته هستم. {خيلى خستم}

케일리 카스탐

187. 나를 어딘가에 데려다 주세요.

187 - خواهش مى كنم من را به جايى ببريد. {خاهش ميكنم منو جايى ببرين}

커헤쉬 미코남 마노 저이 베바린

188. 나에게 돈을 가져다 주세요.

188 - براى من پول بياوريد. {برام پول بيارين}

바럼 풀러 비어린

189. 허튼 소리(근거없는 말) 하지 마세요.

189 - گزاف نگوييد. لاف نزنيد. پرت و پلا نگوييد. چرت و پرت نگوييد.
{گزاف نگين. لاف نزنين. پرتو پلا نگين. چرت و پرت نگين}

게저프 나긴. 러프 나자닌. 파르토 팔러 나긴. 차르토 파르토 나긴

190. 그는 학급에서 가장 뛰어납니다.

190 - او در كلاس شاگرد ممتازى است. {او در كلاس شاگرد ممتازيه}

우 다르 켈러쓰 셔게르데 몸터지예

191. 당신(남자)은 영어를 말할 수 있습니까?

191 - آقا، شما انگلیسی بلدید؟ {آقا، انگلیسی بلدین؟}

어거, 엥겔리씨 발라딘?

192. 이 길은 어디로 갑니까?

192 - این خیابان به کجا ختم می شود؟ {این خیابون بکجا ختم میشه؟}

인 키어분 베 코저 카트므 미쉐?

193. 무서워 마십시오.

193 - نترسید. {نترسین}

나타르씬

194. 나는 무섭지 않습니다.

194 - من نمی ترسم. {نمیترسم}

네미타르쌈

195. 당신이 나를 오해할까봐 걱정이 됩니다.

195 - نگرانم که رفتار من باعث سؤتفاهم شده باشد. {نگرونم که رفتارم باعث سؤتفاهم شده باشه}

네갸루남 라프터람 버에쎄 쑤에타휘홈 쇼데 버쉐

196. 나는 부득이 가야만 합니다.

196 - من باید بروم. {من باید برم}

만 버야드 베람

197. 여기는 조용한 곳입니다.

197 - اینجا بی سروصداست. {اینجا بی سروصداس}

인저 비 싸로 세더쓰

198. 나는 조용한 삶을 살고 있습니다.

198 - من زندگی ساده ای دارم.

만 젠데기에 써데이 더람

199. 전부 얼마 입니까?

199 - کل قیمت آن چند است؟ {کل قیمت اون چنده؟}

콜레 게이마테 운 찬데?

200. 부인은 몇 명의 아이가 있습니까?

200 - خانم، شما چند تا بچه دارید؟
{خانوم، چند تا بچه دارین؟}

커눔, 찬드 터 바체 더린?

201. 당신(소년, 청년)은 노력해야만 합니다.

201 - پسر جان، شما باید سعی کنید.
{پسرجون، شما باید سعی کنین}

페사르 쥰, 쇼머 버야드 싸이 코닌

202. 나는 당신을 어디서 만난 것 같습니다.

202 - بنظرم می آید که شما را در جایی دیده ام. شما بنظرم آشنا می آیید.
{بنظرم میاد که شما رو جایی دیدم. بنظرم آشنا میایین}

베나자람 미어드 케 쇼머로 저이 디담. 베나자람 어쉬너 미어인

203. 당신은 자멀리씨를 만났습니까?

203 - شما آقای جمالی را دیده اید؟.
شما آقای جمالی را ملاقات کرده اید؟
{آقای جمالی رو دیدین؟. آقای جمالی رو ملاقات کردین؟}

어거예 자멀리 로 디딘?. 어거예 자멀리로 몰러거트 캬르딘?

204. 나는 아직 그를 만나지 못했습니다.

204 - من هنوز او را ندیده ام.{من هنوز اونو ندیدم}

만 하누즈 우노 나디담

205. 우연히 나는 그를 만났습니다.

205 - بطور اتفاقی او را دیدم.{بطور اتفاقی اونو دیدم}

베토레 에테훠기 우로 디담

206. 나는 내 여동생을 교회에서 만났습니다.

206 - من خواهر کوچکم را در کلیسا دیدم.
{من خاهر کوچکمو تو کلیسا دیدم}

만 커하레 쿠체캬모 투 켈리써 디담

207. 내 곁으로 오세요.

207 - پهلوی من بیایید. پیش من بیایید.
{بهلوم بیایین. پیش من بیایین}

파흘루얌 비어인. 피쉐 만 비어인

208. 이 종이를 반으로 접으시오.

208- این کاغذ را از وسط تا کنید.
{این کاغذو از وسط تا کنین}

인 커가조 아즈 바싸트 터 코닌

209. 정말 무섭습니다.

209- واقعاً وحشتناک است. {واقعن وحشتناکه}

버게안 바흐샤트너케

210. 내가 당신에게 일러준 것을 기억하십시오.

210- حرف مرا به خاطر داشته باشید.
حرف مرا به یاد داشته باشید.
{حرف منو به خاطر داشته باشین. حرف منو به یاد داشته باشین}

하르훼 마노 베 커테르 더쉬테 버쉰. 하르훼 마노 베 여드 더쉬테 버쉰

211. 나는 그것이 무엇인지 모릅니다.

211- من نمی دانم که آن چیست. {من نمیدونم اون چیه}

만 네미두남 운 치예

212. 지금 당신은 무엇을 해야 합니까?

212- الان باید چکار کنید؟ {الان باید چی کار کنین؟}

알런 버야드 치 커르 코닌?

213. 나는 먼저 무엇을 해야 합니까?

213- من اوّل باید چه کار کنم؟
{من اول باید چی کار کنم؟}

만 아발 버야드 치 커르 코남?

214. 당신은 어떤 일을 하십니까?

214 - شغل شما چیست؟. کار شما چیست؟ چکاره اید؟
{شغل شما چیه؟. کارشما چیه؟ چکاره این؟}
쇼글레 쇼머 치예?. 커레 쇼머 치예?. 체 커레인?

215. 무슨 일이 거기 있습니까?

215 - آنجا چه خبر است؟{اونجا چه خبره؟}
운저 체 카바레?

216. 나는 무엇을 해야하는지 모릅니다.

216 - من نمی دانم چه کار کنم.
{من نمیدونم چی کار کنم}
만 네미두남 치 커르 코남

217. 또 무엇입니까?

217 - باز چیست؟{باز چیه؟}
버즈 치예?

218. 우리 가족은 대가족입니다.

218 - ما خانواده ی بزرگی هستیم.
{ما خونواده ی بزرگی ایم}
머 쿠네버데예머 보조르기 임

219. 당신의 성은 무엇입니까?

219 - آقا، نام خانوادگی شما چیست؟
{آقا، نام خونوادگی شما چیه؟}
어거, 너메 쿠네버데기예 쇼머 치예?

220. 그 분은 경험이 풍부합니다.

220- او مرد دنیا دیده ای است.{او مرد دنیا دیده ایه}

우 마르데 도니여 디데이에

221. 나는 아직 답장을 받지 못했습니다.

221- هنوز جواب نامه به دستم نرسیده است
{هنوز جواب نامه بدستم نرسیده}

하누즈 쟈법 너메 베 다스탐 나레씨데

222. 그는 나의 친구인 것처럼 보이게 합니다.

222- او با من تظاهر به دوستی می کند.
{او با من تظاهر به دوستی میکنه}

우 버 만 타저호르 베 두스티 미코네

223. 우리 갈증을 풉시다.

223- رفع تشنگی کنیم.

라푸에 테쉬네기 코님

224. 이 문제를 해결하기가 결코 쉽지 않습니다.

224- حل این مسئله آسان نیست.
{حل این مسئله آسون نیس}

할레 인 마쓰알레 어쑨 니쓰

225. 나는 약속을 지킬 겁니다.

225- من سر حرف خود هستم. من به قولم پای بندم.
{من سر حرف خود مم. من به قولم پای بندم}

만 싸레 하르훼 코다맘. 만 베 골람 퍼이 반담

226. 그는 약속을 어겼습니다.

226- او حرف خود را پس گرفت.
{او حرف خودشو پس گرفت}

우 하르페쇼 파쓰 게레프트

227. 이 와이셔츠들을 세탁소에 가져다 주십시오.

227- این پیراهن را به خشکشویی ببرید.
{این پیرهنو به خشکشویی ببرین}

인 피르하노 베 코쉬크쉬이 베바린

228. 세탁물을 가지고 왔습니까?

228- لباسها را از خشکشویی آوردید؟. لباسهای شسته شده را آوردید؟
{لباسا رو از خشکشویی آوردین؟. لباسای شسته شده رو آوردین؟}

레버쓰허로 아즈 코쉬크쉬이 어바르딘?. 레버써예 쇼스테 쇼데로 어바르딘?

229. 당신은 나에게 화가 났습니까?

229- آیا از دست من عصبانی هستید؟
{از دستم عصبانی هستین؟}

아즈 다스탐 아싸버니 하스틴?

230. 나에게 화내지 마세요.

230- از دست من عصبانی نشوید.
{از دستم عصبانی نشین}

아즈 다스탐 아싸버니 나쉰

231. 왜 당신은 화가 났습니까?

۲۳۱- چرا شما عصبانی شدید؟{چرا عصبانی شدین؟}

체러 아싸버니 쇼딘?

232. 그는 격노했습니다.

۲۳۲- او خیلی خشمگین شد.

우 케일리 카쉬므긴 쇼드

233. 그는 잘 합니다.

۲۳۳- او خیلی خوب کار می کند.
{او خیلی خوب کار میکنه}

우 케일리 쿱 커르 미코네

234. 당신은 좋은 목소리를 갖고 있습니다.

۲۳۴- شما صدای قشنگی دارید. صدایتان قشنگ است.
{صدای قشنگی دارین. صداتون قشنگه}

쎄더예 가샹기 더린. 쎄더툰 가샹게

235. 페르시아어의 발음은 쉽습니다.

۲۳۵- تلفظ زبان فارسی آسان است.
{تلفظ زبون فارسی آسونه}

탈라훠제 자버네 훠르씨 어쑤네

236. 당신의 여동생은 당신과 매우 닮았습니다.

۲۳۶- خواهر شما خیلی شبیه شماست.انگاری سیب را از وسط دو نصف کرده اند.
{خاهرشما خیلی شبیه شماست.انگاری سیبو از وسط دو نصف کردن}

커하레 쇼머 케일리 쇼비헤예 쇼머스. 엔거리 씨보 아즈 바싸테 도 네쓰프 캬르단

237. 나는 두시간 걸었습니다.

237 - من دو ساعت پیاده روی کردم.

만 도 써아트 피어데라비 캬르담

238. 내 능력은 한계가 있습니다.

238 - توانایی من هم حدّی دارد.
{توانایی من هم حدی داره}

타버너이예 만 함 핟디 더레

239. 나는 알리씨를 소개했습니다.

239 - آقای علی را معرفی کردم.
{علی آقا رو معرفی کردم}

알리 어거 로 모알레휘 캬르담

240. 우리는 약한 사람을 도와야 합니다.

240 - باید به مردم ناتوان کمک کنیم.

버야드 베 마르도메 너타번 코마크 코님

241. 내가 당신을 도와드릴까요?

241 - آیا به کمک من احتیاج دارید؟
{آیا به کمک من احتیاج دارین؟}

어여 베 코마케 만 에흐티어즈 더린?

242. 나는 최선을 다해 당신을 돕겠습니다.

242 - من با کمال میل به شما کمک می کنم.
{بریم تقاضای کمک کنیم}

만 버 캬멀레 메일 베 쇼머 코마크 미코남

243. 도움을 청하러 갑시다.

243- برويم تقاضای کمک کنيم.

베림 타거저예 코마크 코님

244. 나는 열시에 자러 갑니다.

244- من ساعت ده می خوابم. {من ساعت ده ميخابم}

만 써아테 다흐 미커밤

245. 들어가시기 전에 노크를 해 주십시오.

245- قبل از ورود در بزنيد. {قبل از ورود در بزنين}

가불 아즈 보루드 다르 베자닌

246. 그를 이리로 오도록 부르세요.

246- او را صدا کنيد به اينجا بيايد. {اونو صدا کنين به اينجا بياد}

우노 쎄더 코닌 베 인저 비어드

247. 당신이 부르셨습니까?

247- صدا کرديد؟ {صدا کردين؟}

쎄더 캬르딘?

248. 이란어로 이것은 무엇이라고 부릅니까?

248- اين را به زبان فارسی چه می گويند؟ {اينو به فارسی چی ميگن؟}

이노 베 훠르시 치 미간?

249. 이것들을 가지런히 정리하세요.

249 - این را مرتب کنید. {اینو مرتب کنین}

이노 모라탑 코닌

250. 나는 억지로 갑니다.

250 - به زور می روم. {به زور میرم}

베 쥬르 미람

251. 그녀는 마지못해 웃습니다.

251 - آن خانم به زور می خندد.
{اون خانوم به زور میخنده}

운 커눔 베 주르 미칸데

252. 당신은 만족하십니까? 나는 만족합니다.

252 - آیا راضی هستید؟ من راضی هستم.
{راضی هستین؟ راضی ام}

러지 하스틴? 러지 암

253. 그 남자는 노래를 잘 합니다.

253 - او خوش آواز است. او خوش صدا است.
{او خوش آوازه. او خوش صدا س}

우 코쉬 어버제. 우 코쉬 쎄더쓰

254. 이란어 노래 하나 불러보십시오.

254 - لطفاً یک ترانه ی فارسی بخوانید.
{لطفن یه ترانه فارسی بخونین}

로트환 예 타러네예 훠르씨 베쿠닌

일상생활

255. 나는 자주 영화보러 갑니다.

255- من غالباً به سینما می روم.
{من غالبن سینما میرم}

만 걸레반 씨나머 미람

256. 이것과 저것은 마찬가지 입니까?

256- این با آن یکی است؟ {این با اون یکیه؟}

인 버 운 예키예?

257. 당신은 차를 드십니까, 커피를 드십니까?

257- شما چای میل دارید یا قهوه؟
{چایی میل دارین یا قهوه؟}

처이 메일 더린 여 가흐베?

258. 당신이 가든지 말든지(당신) 마음대로 하세요.

258- رفتن یا نرفتن شما به میل خودتان است.
{رفتن یا نرفتن شما به میل خودتونه}

라프탄 여 나라프타네 쇼머 베 메일레 코데투네

259. 나는 여전히 참기가 매우 어렵습니다.

259- برای من غیر قابل تحمل است.
{برام غیر قابل تحمله}

바럼 케이레 거벨레 타함몰레

260. 예, 확실합니다.

260- بله، اطمینان دارم. مطمئن هستم.
{بله، اطمینان دارم. مطمئنم}

발레, 에트미넌 더람. 모트마에남

261. 나는 틀림없이 갈 것입니다.

261- من حتماً می روم. {من حتمن میرم}

만 하트만 미람

262. 나는 당신을 만나게 되어 반갑습니다.

262- از دیدن شما خیلی خوشوقتم.

아즈 디다네 쇼머 케일리 코쉬바그탐

263. 서둘지 마세요.

263- عجله نکنید. عجله کار شیطان است. {عجله نکنین. عجله کار شیطونه}

아즈알레 나코닌. 아즈알레 커레 쉐이투네

264. 무엇보다 먼저(우선)...

264- اول از همه ...، اولاً {اول از همه ...، اولن}

아발 아즈 하메..., 아발란

265. 사람들 모두가

265- همه ی مردم

하메예 마르돔

266. 지금 나는 바쁩니다.

266- الان گرفتارم. سرم شلوغ است. دستم بند است. {الان گرفتارم. سرم شلوغه. دستم بنده}

알런 게레프터람. 싸람 숄루게. 다스탐 반데

일상생활

267. 나는 결과에 따라 판단합니다.

267- طبق نتیجهٔ کار نظر می دهم.
{طبق نتیجهٔ کار نظر میدم}

테브게 나티제에 커르 나자르 미담

268. 당신은 불어를 이해합니까?

268- آقا، شما زبان فرانسه می دانید؟. آقا، شما زبان فرانسه بلدید؟
آقا، شما زبان فرانسه صحبت می کنید؟
{آقا، فرانسه میدونین؟. آقا، فرانسه بلدین؟. آقا، فرانسه صحبت میکنین؟}

어거, 자브네 화런쎄 미두닌?. 어거, 자브네 화런쎄 발라딘?. 어거, 자부네 화런쎄 쏘흐바트 미코닌?

269. 당신은 내 말을 이해합니까?

269- آیا متوجه حرف من می شوید؟. آیا منظور مرا می فهمید؟
{آیا متوجه حرفم میشین؟. آیا منظور منو میفهمین؟}

어여 모타바제에 하르팜 미쉰?. 어여 만주레 마노 미화흐민?

270. 나는 아무것도 이해하지 못합니다.

270- من اصلاً نمی فهمم.{من اصلن نمیفهمم}

만 아쓸란 네미 화흐맘

271. 나는 단지 약간만 이해할 뿐 입니다.

271- من یک کمی می فهمم. {من یه کمی میفهمم}

만 예 캬미 미화흐맘

272. 나는 사진 몇 장 찍기를 원합니다.

272- من می خواهم چند تا عکس بگیرم.
{من میخوام چند تا عکس بگیرم}

만 미컴 찬드 터 아크쓰 베기람

273. 환영합니다.

273- خوش آمدید.{خوش اومدین}

코쉬 우마딘

274. 그는 매우 좋은 사람입니다.

274- او آدم خوبی هست.{او آدم خوبیه}

우 어다메 쿠비 예

275. 당신은 주말쯤에 그 일을 끝낼 수 있습니다.

275- شما می توانید تا اواخر هفته این کار را تمام کنید.
{میتونین تا اواخر هفته این کارو تموم کنین}

미투닌 터 아버케레 하프테 인 커로 타뭄 코닌

276. 나는 아랍어를 공부하고 싶습니다.

276- من می خواهم زبان عربی را یاد بگیرم.
{من میخوام زبون عربیویاد بگیرم}

만 미컴 자부네 아라비요 여드 베기람

277. 나는 일어를 공부하고 있습니다.

277- در حال حاضر من زبان ژاپنی را یاد می گیرم.
{در حال حاضر من زبون ژاپنیو یاد میگیرم}

다르 헐레 허제르 만 자부네 저포니로 여드 미기람

278. 영어는 독어보다 쉽습니다.

278 - زبان انگلیسی آسانتر از زبان آلمانی است.
{زبون انگلیسی آسونتر از زبون آلمانیه}
자부네 엥겔리씨 어쑨타르 아즈 자부네 얼머니예

279. 그가 불어를 할 줄 아는지 물어보세요.

279 - از ایشان بپرسید آیا می تواند فرانسه حرف بزند.
{از ایشون بپرسین میتونه فرانسه حرف بزنه}
아즈 이슌 베포르씬 미투네 화런쎄 하르프 베자네

280. 왜 당신은 부끄러워 하십니까?

280 - چرا شما خجالت می کشید؟
{چرا خجالت میکشین؟}
체러 케절라트 미케쉰?

281. 부끄러워하지 마십시오.

281 - خجالت نکشید. {خجالت نکشین}
케절라트 나케쉰

282. 나는 매우 섭섭합니다.

282 - من خیلی دلخور شدم.

만 케일리 델코르 쇼담

283. 어느날 당신은 한가하십니까?

283 - چه روزی بیکار هستید؟{چه روزی بیکارین؟}
체 루지 비커린?

284. 그는 나에게도 역시 그렇습니다.

284- او با من هم مثل شما رفتار می کند.
{او با منم مثل شما رفتار میکنه}

우 버 마남 메슬레 쇼머 라프터르 미코네

285. 오늘 아침 당신은 조금 늦게 도착했습니다.

285- شما امروز صبح یک کمی دیر رسیده اید.
{امروز صبح یه کمی دیر رسیدین}

엠루즈 쏩 예 캬미 디르 레씨딘

286. 필요한 것 이상 쓰지 마십시오.

286- بیش از احتیاج مصرف نکنید.
{بیش از احتیاج مصرف نکنین}

비쉬 아즈 에흐티어즈 마쓰라프 나코닌

287. 어떤 것이 더 좋아요? 이것이 더 좋습니다.

287- کدام یک را بیشتر دوست دارید؟ این را بیشتر دوست دارم.
{کدوم یکیو بیشتر دوس دارین؟ اینو بیشتر دوس دارم}

코둠 예키요 비쉬타르 두스 더린? 이노 비쉬타르 두스 더람

288. 당신은 담배를 피우십니까?

288- شما سیگار می کشید؟ {شما سیگار میکشین؟}

쇼머 씨거르 미케쉰?

289. 금연

289- سیگار کشیدن ممنوع.

씨거르 케쉬단 맘누으

290. 나는 지갑 가져오는 것을 잊었습니다.

290- فراموش کردم کیف دستیم را بیاورم.
{فراموش کردم کیف دستیمو بیارم}

화러무쉬 캬르담 키페 다스티모 비어람

291. 우리 빨리 서두릅시다. 만약 그렇지 않으면 버스를 놓칠 것입니다.

291- باید عجله کنیم اگر نه به موقع به اتوبوس نمی رسیم.
{باید عجله کنیم اگه نه بموقع به اتوبوس نمیرسیم}

버야드 아잘레 코님 아게 나 베모게 베 오토부쓰 네미레씸

292. 나는 기꺼이 당신과 같이 가겠습니다.

292- من با کمال میل با شما می آیم.
{با کمال میل با شما می آم}

버 캬멀레 메일 버 쇼머 미엠

293. 나는 당신이 곧 회복하기를 희망합니다.

293- امیدوارم حالتان زود خوب بشود.
{امیدوارم حالتون زود خوب بشه}

오미드버람 헐레툰 쥬드 쿱 베쉐

294. 이것은 매우 유용합니다.

294- این خیلی با ارزش است. {این خیلی با ارزشه}

인 케일리 버 아르제쉐

295. 조용히 해 주십시오.

295- خواهش می کنم ساکت باشید.
{خواهش میکنم ساکت باشین}

커헤쉬 미코남 써케트 버쉰

296. 이 집은 매우 시끄럽습니다.

296 - این خانه خیلی شلوغ است.
{این خونه خیلی شلوغه}

인 쿠네 케일리 숄루게

297. 최소한 그는 당신과 얘기를 했었어야 했습니다.

297 - او باید قبلاً به شما می گفت.
{او باید قبلن به شما می گفت}

우 버야드 가블란 베 쇼머 미코프트

298. 우리 아버지는 매우 말씀이 적으십니다.

298 - پدرم کم حرف است. {پدرم کم حرفه}

페다람 캄 하르훼

299. 계속 조금씩 마시세요.

299 - کم کم بنوشید. {کم کم بنوشین}

캄 캄 베누쉰

300. 그의 나이는 내 나이보다 어립니다.

300 - او از من کوچکتر است. {او از م کوچیکتره}

우 아잠 쿠치크 타레

301. 나는 과학에 대해 연구하고 있습니다.

301 - من دربارهٔ علوم طبیعی تحقیق می کنم.

만 다르 버레예 올룸메 타비이 타흐기그 미코남

302. 그는 나에게 잔소리를 합니다.

302 - او به من غر می زند.﴿او بمن غر میزنه﴾

우 베 만 고르 미자네

303. 그들은 구해줄 것을 호소합니다.

303 - آنها برای نجات خودشان التماس می کنند.
﴿اونا برا نجات خودشون التماس میکنن﴾

우너 바러 네저테 코데슌 엘테머스 미코난

304. 이것은 내것과 다릅니다.

304 - این با مال من فرق دارد.
﴿این با مال من فرق داره﴾

인 버 멀레만 화르그 더레

305. 나의 모자를 가져다 주십시오.

305 - لطفاً کلاهم را بیاورید.﴿لطفن کلامو بیارین﴾

로트환 콜러모 비어린

306. 나는 다른 것을 원하지 않습니다.

306 - من چیز دیگری نمی خواهم.
﴿من چیز دیگه ای نمیخام﴾

만 치제 디게이 네미컴

307. 나에게 아양떨지 마세요.

307 - برای من ناز نکنید.﴿برام ناز نکنین﴾

바럼 너즈 나코닌

308. 극장에 관객들이 붐빕니다.

308- داخل سینما تماشاچی خیلی زیاد است.
{توسینما تماشاچی خیلی زیاده}

투 씨나마 타머셔치 케일리 지여데

309. 나는 건강합니다.

309- من سالم هستم. من سلامت هستم.
{من سالمم. من سلامتم}

만 썰레만. 만 쌀러마탐

310. 건강이 재산보다 귀합니다.

310- سلامتی مهمتر از مادیات است.
{سلامتی مهمتر از مادیاته}

쌀러마티 모햄타르 아즈 머디여테

311. 나는 항상 건강합니다.

311- همیشه سالم هستم. {همیشه سالمم}

하미쉐 썰레맘

312. 요즘엔 나의 건강이 나빠졌습니다.

312- تازگیها ضعیف شده ام. تازگیها کم بنیه شده ام.
{تازگیا ضیف شدم. تازگیا کم بنیه شدم}

터제기어 자이프 쇼담. 터제기허 캄 본예 쇼담

313. 당신은 건강을 돌보십시오.

313- مواظب سلامتی خودتان باشید. از خودتان مراقبت کنید. {مواظب سلامتی خودتون باشین. از خودتون مراقبت کنین}

모버제베 쌀러마티예 코다툰 버쉰. 아즈 코다툰 모러게바트 코닌

314. 당신은 목이 마르십니까?

314 - آیا گلویتان خشک شده است؟
{گلوتون خشک شده؟}

어여 걀루예툰 코쉬크쇼데?

315. 나는 목도 마르고 배도 고픕니다.

315 - من هم تشنه هستم و هم گرسنه هستم.
{من هم تشنمه هم گشنمه}

만 함 테쉬나메 함 고쉬나메

316. 그의 아버지는 엄격하신 분입니다.

316 - پدر او آدم سختگیری است.
{پدرش آدم سختگیریه}

페다레쉬 어다메 싸크트기리예

317. 그는 매우 빈틈없는 사람입니다.

317 - او خیلی نکته بین است.{او خیلی نکته بینه}

우 케일리 노크테비네

318. 이 일은 매우 긴급합니다.

318 - این کار فوری است.{اینکار فوریه}

인 커르 훠리예

319. 그는 낮은 소리로 말합니다.

319 - او آهسته حرف می زند. او با صدای ضعیف صحبت می کند. {او آهسته حرف میزنه. او با صدای ضیف صحبت میکنه}

우 어헤스테 하르프 미자네. 우 버 쎄더예 자이프 쏘흐바트 미코네

320. 부드럽게 말하세요.

320- آرام صحبت کنید. {آروم صحبت کنین}

어룸 쏘흐바트 코닌

321. 그는 솜씨가 매우 좋습니다.

321- دست پخت او عالی است. {دست پخت او عالیه}

다스트포크테 우 얼리예

322. 그는 솜씨 좋은 기술자입니다.

322- او هنرمند است. {او هنرمنده}

우 호나르만데

323. 그때 당신은 어떻게 하겠습니까?

323- در آن زمان چه کار خواهید کرد؟.
در آن موقع چطور عمل خواهید کرد؟
{دراون زمان چی کار خاهید کرد؟. دراون موقع چطور عمل خاهید کرد؟}

다르 운 자먼 치 커르 커힌 캬르드?. 다르 운 모게 체토르 아말 커힌 캬르드?

324. 언제 우리는 갈 것입니까?

324- پس کی می رویم؟ {پس کی میریم؟}

파스 케이 미림?

325. 당신은 언제 도착했습니까?

325- شما کی رسیدید؟ {شما کی رسیدین؟}

쇼머 케이 레씨딘?

326. 내가 글을 쓰고 있는 동안에…

326 - در حالی که می نوشتم...

다르 힐리 케 미네베쉬탐...

327. 당신은 너무 무례하군요.

327 - شما آدم بی ادبی هستید.
{شما آدم بی ادبی هستین}

쇼머 어다메 비 아다비 하스틴

328. 당신은 예법을 모릅니다.

328 - شما بی ادب و بی نزاکت هستید. شما بی اتیکت هستید. شما بی کلاس هستید.
{شما بی ادبو بی نزاکت هستین. شما بی اتیکت هستین. شما بی کلاس هستین}

쇼머 비 아다보 비 네저커테 하스틴. 쇼머 비 에티케트 하스틴. 쇼머 비 켈러스 하스틴

329. 그는 나를 화나게 합니다.

329 - او من را عصبانی می کند. او با اعصاب من بازی می کند.
{او منو عصبانی میکنه. او با اعصاب من بازی میکنه}

우 마노 아싸버니 미코네. 우 버 아써베 만 버지 미코네

330. 이 일은 어렵습니다.

330 - این کار سخت است.{این کار سخته}

인 커르 싸크테

331. 그는 성격이 까다로운 사람입니다.

331 - او آدم مشکل پسندی است.{او آدم مشکل پسندیه}
우 어다메 모쉬켈파싼디예

332. 저 사람에게 마음에 들기는 어렵습니다.

332 - راضی کردن او مشکل است.
{راضی کردن او مشکله}
러지 캬르다네 우 모쉬켈레

333. 나는 행복합니다.

333 - من خوشبختم.

만 코쉬바크탐

334. 나는 무한한 기쁨을 느낍니다.

334 - من بی اندازه احساس خوشبختی می کنم.
만 비 안더제 에흐써세 코쉬바크티 미코남

335. 나는 이 일을 하는 것이 매우 행복합니다.

335 - من از انجام دادن این کار خیلی خوشحال هستم.
{من از انجام دادن این کار خیلی خوشحالم}
만 아즈 안점 더다네 인 커르 케일리 코쉬헐람

336. 그 부인은 뽐내기를 좋아합니다.

336 - آن زن خودنما است.{اون زن خودنما س}
운 잔 코드나머 아쓰

337. 그는 약습니다.

337- او زرنگ است. {او زرنگه}

우 제랑게

338. 그는 비열한 사람입니다.

338- او آدم بیخودی است. {او آدم بیخودیه}

운 어다메 비코디 예

339. 그는 아무것도 먹지 않습니다.

339- او چیزی نمی خورد. {او چیزی نمیخوره}

우 치지 네미코레

340. 나는 돈이 없습니다.

340- من پول ندارم. من بی پول ام.
{من پول ندارم. من بی پولم}

만 풀 나더람. 만 비 풀람

341. 결코 그런 것은 아닙니다.

341- اصلا به این صورت نیست.
{اصلن به این صورت نیس}

아쓸란 베 인 쑤라트 니쓰

342. 나는 그것이 필요하지 않습니다.

342- به آن نیازی ندارم. {به اون نیازی ندارم}

베 운 니어지 나더람

343. 그렇게 서두르지 마세요.

343- اینقدر عجله نکنید، عجله کار شیطان است.
{اینقدر عجله نکنین، عجله کار شیطونه}

인가드르 아잘레 나코닌, 아잘레 커레 쉐이투네

344. 만약 그렇지 않으면…

344- و گرنه...

바 갸르 나…

345. 이것은 바보같은 의견입니다.

345- این فکر احمقانه ای است.
{این فکر احمقانه ایه}

인 풰크레 아흐마거네이 예

346. 나는 영어 공부를 시작했습니다.

346- من انگلیسی خواندن را شروع کرده ام.
من شروع به یاد گیری زبان انگلیسی کرده ام.
{من انگلیسی خوندنو شروع کردم. من شروع به یادگیری زبون انگلیسی کردم}

만 엥겔리씨 쿤다노 쇼루으 캬르담. 만 쇼르으 베 여드기리예 자부네 엥겔리씨 캬르담

347. 나는 오늘 오후에 출발할 것입니다.

347- من امروز عصر حرکت خواهم کرد.
{من امروز عصر حرکت میکنم}

만 엠루즈 아스르 하라캬트 미코남

348. 그는 성실하게 보입니다.

348- او آدم صادقی بنظر می آید. او صادق بنظر می آید.
{او آدم صادقی بنظر میاد. او صادق بنظر میاد}

우 어다메 써데기 베나자르 미어드. 우 써데그 베나자르 미어드

349. 멍청한 짓 말아요.

349- حماقت نکنید. {حماقت نکنین}

헤머가트 나코닌

350. 그는 격노하고 있습니다.

350- او خیلی عصبانی شد.

우 케일리 아싸버니 쇼드

351. 정말 무서운 광경입니다.

351- واقعاً صحنه ی وحشتناکی است.
{واقعن صحنه ی وحشتناکیه}

버게안 싸흐네예 바흐쇼트너키 예

352. 나는 그를 권유했습니다.

352- من به او اصرار کردم.

만 베 우 에쓰러르 캬르담

353. 당신은 나를 격려해 주었습니다.

353- شما مرا تشویق کردید. شما به من قوت قلب را دادید. شما به من دل و جرأت دادید.
{شما منو تشویق کردین. شما بمن قوت قلب دادین. شما بمن دلو جرأت دادین}

쇼머 마노 타쉬비그 캬르딘. 쇼머 베 만 고바테 갈브 더딘. 쇼머 베 만 델로 조르아트 더딘

354. 내가 결점이 많은 것을 나는 알고 있습니다.

354- من به معایب خود واقف هستم.
من ضعفهای خود را می دانم. من عیبهای خود را می دانم.}من به معایب خود واقفم. من ضفای خودمو میدونم. من عییای خودمو میدونم{

만 베 마어예베 코드 버게팜. 만 자퍼에 코다모 미두남. 만 에이버예 코다모 미두남

355. 당신은 연극보러 가는 것을 좋아하십니까?

355- آیا شما دوست دارید به تآتر بروید ؟
}دوست دارین تآتر برین؟{

두스 더린 베 떼아뜨르 베린?

356. 나는 그의 마음을 믿을 수가 없습니다.

356- من به او اعتماد ندارم.

만 베 우 에으테머드 나더람

357. 인내하십시오.

357- تحمل کنید. حوصله کنید.
}تحمل کنین. حوصله کنین{

타함몰 코닌. 호쎌레 코닌

358. 나는 기진맥진하게 되었습니다.

358- من بی حال شدم.

만 비헐 쇼담

359. 그는 오만한 사람입니다.

359- او بسیار با نفوذ است.}او بسیار بانفوذه{

우 베쓰여르 버노푸제

360. 나는 사양했습니다.

360 - من صرف نظر می کنم.

만 싸르페 나자르 미코남

361. 나는 황당해졌습니다.

361 - من آشفته شدم.

만 어쇼푸테 쇼담

362. 노인을 공경합시다.

362 - به سالمندان احترام بگذاریم.
{به سالمندان احترام بذاریم}

베 썰레만던 에흐테럼 베저림

363. 자세히 읽으세요.

363 - با دقت بخوانید. {با دقت بخونین}

버 데가트 베쿠닌

364. 나는 호세이니씨의 조카입니다.

364 - من برادرزاده ی آقای حسینی هستم.
{من برادرزاده ی آقای حسینی ام}

만 바러다르저데 예 어거예 호세이니 암

365. 나는 낙관적인 사람입니다.

365 - من آدم خوش بینی هستم. من خوشبین هستم.
{من آدم خوش بینی ام. من خوشبینم}

만 어다메 코쉬비니 암. 만 코쉬비남

366. 이것은 무엇으로 만들어졌습니까?

366 - این از چه درست شده است؟
{این از چی درست شده؟}

인 아즈 치 도로스트 쇼데?

367. 이것은 영국제입니다.

367 - این ساخت انگلیس است.
{این ساخت اینگیلیسه}

인 써크테 잉길리쎄

368. 누가 당신에게 그렇게 하라고 말했습니까?

368 - چه کسی به شما گفته است که این طور انجام بدهید؟
{کی به شما گفته اینطور انجام بدین؟}

키 베 쇼마 고프테 인토르 안잠 베딘?

369. 나를 웃기지 마십시오.

369 - من را نخندانید. {منو نخندونین}

마노 나칸두닌

370. 체면차리지 마십시오.

370 - رو دربایستی نکنید. {رو درواسی نکنین}

루다르버씨 나코닌

371. 그는 나를 도와주었습니다.

371 - او به من کمک کرد.

우 베 만 코마크 캬르드

372. 나에게 우산을 빌려주십시오.

372 -چتر را به من قرض بدهید.
{چترو بمن قرض بدین}

차트로 베 만 가르즈 베딘

373. 그녀는 낭만적인 소설을 좋아합니다.

373 -اوداستانهای رمانتیک را دوست دارد.
{او داستانهای رمانتیکو دوس داره}

우 더스턴허에 로먼티코 두쓰 더레

374. 해가 집니다.

374 -خورشید غروب می کند.
{خورشید غروب میکنه}

코르쉬드 고룹 미코네

375. 태양이 떠오릅니다.

375 -خورشید طلوع می کند.{خورشید طلوع میکنه}

코르쉬드 토루으 미코네

376. 그는 음악에 귀를 기울입니다.

376 -او به موسیقی گوش می دهد.
{او موسیقی گوش میده}

우 무씨기 구쉬 미데

377. 나는 당신을 아흐마디씨로 잘못 봤습니다.

377 -من شما را با آقای احمدی اشتباه گرفتم.
{من شمارو با آقای احمدی اشتباه گرفتم}

만 쇼머로 버 아흐마드 어거 에쉬테버흐 게레프탐

378. 당신은 날자와 달을 혼돈했습니다.

378- شما تاریخ و ماه را قاطی کردید.
{شما تاریخ و ماهو قاطی کردین}

쇼머 터리코 머호 거티 캬르딘

379. 나는 모든 것을 혼동했습니다.

379- من همه چیز را قاطی کردم.
{من همه چیزو قاطی کردم}

만 하메 치조 거티 캬르담

380. 당신은 오랫동안 부재중이십니까?

380- آیا شما مدّت طولانی نیستند؟
{مدت طولانی نیستین؟}

모다테 툴러니 나쓰틴?

381. 당신은 몇 층에 사십니까?

381- شما در طبقهٔ چندم زندگی می کنید؟
{طبقه ی چندم زندگی میکنین؟}

타바게예 찬돔 젠데기 미코닌?

382. 누가 내 책을 가지고 있습니까?

382- کتاب من دست کیست؟ {کتابم دست کیه؟}

케터밤 다스테 키예?

383. 그녀는 불란서인과 결혼했습니다.

383- او با یک فرانسوی ازدواج کرده است.
{با یه فرانسوی ازدواج کرده}

버 예 화런싸비 에즈데버즈 캬르데

384. 무슨 이유때문입니까?

384 - علت آن چیست؟ {علت اون چیه؟}

엘라테 운 치예?

385. 이유가 없습니다.

385 - بی علّت است. بدون علّت است. {بی علّته. بدون علته}

비 엘라테. 베두네 엘라테

386. 그 아이는 매우 예의 바릅니다.

386 - آن بچّه خیلی با ادب است. {اون بچه خیلی با ادبه}

운 바체 케일리 버 아다베

387. 허튼 소리 마세요.

387 - چرند نگو. {چرند نگو}

챠란드 나구

388. 그녀는 이혼했습니다.

388 - او از شوهرش طلاق گرفته است. آن خانم جدا شده است. آن خانم طلاق گرفته است. {از شوهرش طلاق گرفته. اون خانوم جدا شده. اون خانوم طلاق گرفته}

아즈 쇼하레쉬 탈러그 게레푸테. 운 커늄 죠더 쇼데. 운 커늄 탈러그 게레프테

389. 당신은 나와 떨어져 있어야 합니다.

389- شما باید از من دور باشید.
{شما باید ازم دورباشین}

쇼머 버야드 아잠 두르 버쉰

390. 그는 나에게 곁눈질했습니다.

390- او زیر چشمی به من نگاه کرد.
{او زیر چشمی به من نگا کرد}

우 지레 차쉬므 베 만 네거 캬르드

391. 나는 정성을 다해서 당신을 돕겠습니다.

391- من از دل و جان به شما کمک می کنم. من با کمال میل به شما کمک می کنم.

만 아즈 델로전 베 쇼머 코마크 미코남. 만 버 캬멀레 메일 베 쇼머 코마크 미코남

392. 실례합니다. 남자, 여자, 아가씨(소녀), 청년(소년).

392- ببخشید. آقا، خانم، دختر، پسر.
{ببخشین. آقا،خانوم، دخترخانوم، آقا پسر}

베바크쉰. 어거, 커눔, 도크타르, 페사르

393. 그것은 제 잘못입니다.

393- آن تقصیر من است. {تقصیرمنه}

타그씨레 마네

394. 잘못을 범하지 않도록 주의하십시오.

394- مواظب باشید اشتباه نکنید.
{مواظب باشین اشتباه نکنین}

모버젭버쉰 에쉬테버흐 나코닌

395. 이 방은 매우 어지럽습니다.

395- این اطاق در هم ریخته است. این اطاق به هم ریخته است.
{این اتاق درم ریخته اس. این اطاق به هم ریخته اس}

인 오터그 다람 리크테 아쓰. 인 오터그 베 함 리크테 아쓰

396. 나는 모르는 것처럼 행동했습니다.

396- من خود را به نفهمی زدم. خود را به کوچۀ علی چپ زدم.
{من خودمو به نفهمی زدم. خودمو به کوچه ی علی چپ زدم}

만 코다모 베 나화흐미 자담. 코다모 베 쿠체 예 알리 찹 자담

397. 그녀는 발을 헛디뎠습니다.

397 - او پایش پیچ خورد. پای او پیچ خورد.
{پاش پیچ خورد. پاش پیچ خورد}

퍼쉬 피츠 코르드. 퍼쉬 피츠 코르드

398. 내가 아직··· 할 때

398- وقتیکه من هنوز...

바그티 만 하누즈···

399. 그는 나를 속였습니다.

399 - سرم کلاه گذاشت. او گولم زد.
{سرم کلاه گذاشت. گولم زد}
싸람 콜러흐 고저쉬드. 우 골람 자드

400. 저 남자는 게으릅니다.

400 - آن مرد تنبل است. {اون مرد تمبله}
운 마르드 탐발레

401. 무엇을 해야하는지 나는 결정하지않았습니다.

401 - من هنوز تصمیم نگرفته ام که چه کار کنم.
{من هنوز تصمیم نگرفتم چی کار کنم}
만 하누즈 타쓰밈 나게레푸탐 치 커르 코남

402. 왜 당신은 망설이십니까?

402 - چرا شما دو دل هستید؟ {چرا دو دلین؟}
체러 도 델린?

403. 그는 공부에 열중합니다.

403 - او سخت درس می خواند.
{او سخت درس میخونه}
우 싸크트 달쓰 미쿠네

404. 당신은 건강하십니까?

404 - شما سلامت هستید؟ {شما سلامتین؟}
쇼머 쌀러마틴?

405. 예, 감사합니다. 저는 건강합니다만, 당신은 어떻습니까?

405- بله، متشکرم. سلامت هستم، شما چطورید؟
{بله، مچکرم. سلامتم، شما چطورین؟}

발레, 모차케람. 쌀러마탐, 쇼머 체토린?

406. 나는 계속해서 기다립니다.

406- من منتظرتو می مانم.{من منتظرت میمونم}

만 몬타제라트 미무남

407. 여기는 시원합니다.

407- اینجا خنک است. {اینجا خنکه}

인저 코나케

408. 그 남자는 일을 빨리 합니다.

408- آن مرد سریع کار می کند.
{اون مرد سریع کار میکنه}

운 마르드 싸리으 커르 미코네

409. 당신은 정말 다행이군요.

409- خدا به تو رحم کرده است!
{خدا بهت رحم کرده!}

코더 베헤트 라흠 캬르데!

410. 나를 그냥 놔 두세요.

410- دست از سرم بردارید. ولم کنید.
{دست از سرم وردارین. ولم کنین}

다스트 아즈 싸람 바르 더린. 벨람 코닌

411. 우리는 그에게 맡겨둡시다.

411 - این کار رو به عهدهٔ او بگذاریم.
{این کارو به عهدهٔ او بذاریم}
인 커로 베 오흐데예 우 베저림

412. 그는 옷을 입고 있습니다.

412 - او دارد لباس می پوشد. او در حال لباس پوشیدن است.
{داره لباس میپوشه. درحال لباس پوشیدنه}
더레 레버스 미푸쉐. 다르 헐레 레버쓰 푸쉬다네

413. 왜 당신은 그를 꾸짖습니까?

413 - چرا او را سرزنش می کنید؟
{چرا اونو سرزنش میکنین؟}
체러 우노 싸르자네쉬 미코닌?

414. 그는 돈을 몽땅 잃었습니다.

414 - او همه پول را گم کرده است.
{همه پولو گم کرده}
하메 풀로 곰 캬르데

415. 나를 용서하십시오.

415 - مرا ببخشید. {منو ببخشین}
마노 베바크쉰

416. 저 아가씨는 당신에게 미소를 지었습니다.

416 - آن خانم به شما لبخند زد.
{اون خانوم به شما لبخند زد}
운 커눔 베 쇼머 라브칸드 자드

417. 나는 당신에게 기대를 걸고 있습니다.

417- من اميدم به شماست. {من اميدم به شماس}

만 오미담 베 쇼머스트

418. 나는 집에 돌아가기를 원합니다.

418- می خواهم به خانه برگردم. {میخام به خونه برگردم}

미컴 베 쿠네 바르가르담

419. 매일, 매 사람, 매달, 매년

419- هر روز، هر کس، هر ماه، هر سال.

하르 루즈, 하르 캬쓰, 하르 머흐, 하르 썰

420. 한번, 한번 더, 두번, 여러번

420- یک بار، یک بار دیگر، دو بار، چند بار. {یه بار، یه باردیگه، دوبار، چن بار}

예 버르, 예 버레 디게, 도 버르, 챤드 버르

421. 나는 비로소 알게 되었습니다.

421- بالاخره فهمیدم. {بلخره فمیدم}

벨라카레 화미담

422. 나는 당신의 성공을 기뻐합니다.

422- از موفقیت شما خوشحال هستم. {از موفقیت شما خوشحالم}

아즈 모바화기야테 쇼머 코쉬헐람

423. 당신의 만년필을 저에게 빌려주세요.

423- ببخشید می شود خودنویستان را به من امانت بدهید.

{ببخشین میشه خودنویستونو به من امانت بدین}

베바크쉰 미쉐 코드네비쎄투노 베 만 아머나트 베딘

424. 당신은 조금전에 어디에 갔었습니까?

424- چند دقیقه پیش کجا رفته بودید؟

{چن دیقه پیش کجا رفته بودین؟}

찬드 다게 피쉬 코저 라프테 부딘?

425. 나는 잠깐 누워서 쉬었으면 좋겠습니다.

425- کاشکی می شد کمی دراز بکشم و استراحت کنم.

커쉬키 미쇼드 캬미 데러즈 베케쇼모 에스테러하트 코남

426. 만약 당신이… 에 가게 되면…

426- اگر شما به ... بروید...

{اگه شما به ... برین...}

아게 쇼머 베 …   베린…

427. 그 소식은 나를 매우 놀라게 했습니다.

427- من از آن خبر خیلی تعجب کردم.

{من از اون خبر خیلی تعجب کردم}

만 아즈 운 카바르 케일리 타아좁 캬르담

428. 얼굴을 돌리지 마세요.

428- رویتان را از من برنگردانید.

{روتونو از من برنگردونین}

루투노 아즈 만 바르 나갸르두닌

429. 그 슬픈 소식 앞에 그는 망연해졌습니다.

429- او از شنیدن خبر ناراحت کننده بی هوش شد.

우 아즈 쉐니다네 카바레 너러하트 코난데 비 후쉬 쇼드

430. 나는 확실히 듣지 못했습니다.

430- من درست نشنیدم.{من درس نشنیدم}

만 도로쓰 나쉬니담

431. 당신은 아버지의 말씀을 들어야 합니다.

431- شما باید به حرف پدرتان گوش کنید.
{باید به حرف پدرتون گوش کنین}

버야드 베 하르페 페다레툰 구쉬 코닌

432. 내 말에 귀를 기울이세요.

432- به حرف من گوش کنید.
{ به حرف من گوش کنین}

베 하르페 만 구쉬 코닌

433. 당신은 누구를 의심하십니까?

433- شما به کی شک دارید؟{به کی شک دارین؟}

베 키 쇼크 더린?

434. 나는 누구도 의심하지 않습니다.

434- من به هیچ کس شک ندارم.
{به هیچ کی شک ندارم}

베 히치 키 쇼크 나더람

435. 이것은 무슨 의미입니까?

435- این به چه معنی است؟{این به چی منیه؟}

인 베 치 마니예?

436. 뜻은 …입니다. 즉 …입니다.

436- معنی اش این است…. یعنی … است.
{منیش اینه... یعنی ...اس}

마니아쉬 이네 … ,   야아니 … 아쓰

437. 이 방은 지저분합니다.

437- این اتاق کثیف است.{این اتاق کثیفه}

인 오터그 캬씨페

438. 이 방은 정돈이 잘 되어 있습니다.

438- این اتاق مرتّب است.{این اتاق مرتبه}

인 오터그 모라타베

439. 당신은 잘 잤습니까?

439- آیا شما خوب خوابیدید؟{آیا شما خوب خابیدین؟}

어여 쇼머 쿱 커비딘?

440. 이란의 부인들은 매우 예의가 바릅니다.

440- خانم های ایرانی خیلی با ادب هستند.
{خانوم‌های ایرونی خیلی با ادب هستن}

커누머예 이루니 케일리 버아답 하스탄

441. 지금 나는 여유가 있습니다.

441- الان وقت دارم. الان وقت آزاد دارم.

알런 바그트 더람. 알런 바그테 어저드 더람

442. 나는 그를 비웃지 않습니다.

442 - من او را مسخره نمی کنم.
{من اونو مسخره نمیکنم}

만 우노 마쓰카레 네미코남

443. 저 부인은 언제나 불평합니다.

443 - آن خانم همیشه غر می زند.
{اون خانوم همیشه غر میزنه}

운 커눔 하미쉐 고르 미자네

444. 나는 이 회에 가입할 수 있습니까?

444 - آیا می توانم عضو این انجمن بشوم؟
{آیا میتونم عضو این انجمن بشم؟}

어여 미투남 오즈베 인 안조만 베솀?

445. 우리 돌아갑시다.

445 - بر گردیم.

바르 갸르딤

446. 그녀는 둘째딸입니다.

446 - او دختر دوم خانواده است.
{او دختر دوم خونوادس}

우 도크타레 도봄메 쿠네버다쓰

447. 보다 가까이 다가오세요.

447 - بفرمایید جلوتر. {بفرمایین جلوتر}

베화르머인 졸로타르

448. 관객은 많이 왔습니까?

448- آیا تماشاچی زیاد آمده است؟
{تماشاچی زیاد اومده؟}

타머셔치 지여드 우마데?

449. 나는 더이상 참을 수 없습니다.

449- من دیگر تحمّل ندارم. {دیگه تحمل ندارم}

디게 타함몰 나더람

450. 연필 한자루 깎아주세요.

450- لطفاً یک دانه مداد را بتراشید.
{لطفن یه دونه مدادو بتراشین}

로트환 예 두네 메더도 베타러쉰

451. 잊지 말고 나를 불러 주세요.

451- یادتان نرود من را صدا کنید. یادتان نرود مرا خبر کنید.
{یادتون نره منو صدا کنین. یادتون نره منو خبر کنین}

여데툰 나레 마노 쎄더 코닌. 여데툰 나레 마노 카바르 코닌

452. 그(그녀)의 얼굴은 무서워서 창백해졌습니다.

452- از ترس رنگش پرید.

아즈 타르쓰 랑게쉬 파리드

453. 책상을 움직이지 마세요.

453- میز را تکان ندهید. {میزو تکون ندین}

미조 테쿤 나딘

454. 당신은 온화합니다.

454- شما دارای روح لطیفی هستید.
{شما دارای روح لطیفی هستین}
쇼머 더러예 루헤 라티피 하스틴

455. 그녀는 고집이 셉니다.

455- آن خانم لجباز است. آن خانم یک دنده است.
{اون خانوم لجبازه. اون خانوم یه دندس}
운 커눔 라즈버제. 운 커눔 예 단다쓰

456. 나는 머리가 아파요.

456- سرم درد می کند. سردرد دارم.
{سرم درد میکنه. سردرد دارم}
싸람 다르드 미코네. 싸르 다르드 더람

457. 참아요, 더 울지말아요.

457- آرام باشید، دیگر گریه نکنید.
{آروم باشین، دیگه گریه نکنین}
어룸 버쉰, 디게 게리에 나코닌

458. 하산씨는 아첨하기를 좋아합니다.

458- حسن آقا چاپلوس است. {حسن آقا چاپلوسه}
하산어거 첩루쎄

459. 나는 아첨하는 말을 좋아하지 않습니다.

459- من اهل چاپلوسی نیستم.
만 아흘레 첩루씨 니스탐

460. 당신은 영어를 정확히 말합니다.

460- شما به زبان انگلیسی تسلط دارید. شما انگلیسی را خوب حرف می زنید.
{شما به زبون انگلیسی تسلط دارین. شما انگلیسیو خوب حرف میزنین}

쇼머 베 자부네 엥겔리씨 타쌀로트 더린. 쇼머 엥겔리씨로 쿱 하르프 미자닌

461. 가능하시다면 이란어로 말씀하세요.

461- در صورت امکان به زبان فارسی صحبت کنید. اگر می توانید به فارسی صحبت کنید.
{در صورت امکان به زبون فارسی صحبت کنین. اگه میتونین به فارسی صحبت کنین}

다르 쑤라테 엠컨 베 자부네 훠르씨 쏘흐바트 코닌. 아게 미투닌 베 훠르씨 쏘흐바트 코닌

462. 그렇게 빨리 말씀하지 마세요.

462- اینقدر تند نگویید. اینقدر تند صحبت نکنید.
{اینقدر تند نگین. اینقدر تند صحبت نکنین}

인가드르 톤드 나긴. 인가드르 톤드 쏘흐바트 나코닌

463. 천천히 말해주십시오.

463- لطفاً آهسته حرف بزنید. لطفاً آرام بگویید.
{لطفن آهسته حرف بزنین. لطفن آروم بگین}

로트환 어헤스테 하르프 베자닌. 로트환 어룸 베긴

464. 과장해서 말하지 마세요.

464- اغراق نکنید! {اغراق نکنین!}

에그러그 나코닌!

465. 나는 전혀 과장해서 말하지 않습니다.

465 - من اصلاً اغراق نمی کنم. من هرگز اغراق نمیکنم.
{من اصلن اغراق نمیکنم. من هرگز اغراق نمیکنم}

만 아쓸란 에그러그 네미코남. 만 하르게즈 에그러그 네미코남

466. 흥분하지 마세요.

466 - هیجان زده نشوید. {هیجان زده نشین}

하야전 자데 나쉰

467. 조급해하지 마세요.

467 - عجله نکنید. عجله کردن کار شیطان است.
{عجله نکنین. عجله کردن کار شیطونه}

아잘레 나코닌, 아잘레 캬르단 커레 쉐이투네

468. 더 노력하세요.

468 - بیشتر کوشش کنید.
{بیشتر کوشش کنین}

비쉬타르 쿠쉐쉬 코닌

469. 나는 할 수 있습니다.

469 - من می توانم. {میتونم}

미투남

470. 그는 유명해질 겁니다.

470 - او آدم مشهوری خواهد شد.
{او آدم مشهوری میشه}

우 어다메 마쉬후리 미쉐

471. 이 계절에는 꽃이 핍니다.

471- این فصل موسم گل است. در این فصل گل می شکفد.
{این فصل موسم گله. دراین فصل گل میشکفه}
인 화쓸 모쎄메 골레. 다르 인 화쓸 골 미쉐코페

472. 나는 당신에게 20만토만의 빚을 지고 있습니다.

472- من از شما دویست هزار تومان قرض گرفتم.
{از تو دویس هزار تومن قرض گرفتم}
아즈 쇼머 데비스트 헤저르 토만 가르즈 게레프탐

473. 나는 더 이상 원하지 않습니다.

473- من بیشتر از این نمی خواهم.
{بیشتر از این نمیخام}
비쉬타르 아즈 인 네미컴

474. 이 방 안은 너무 무덥습니다.

474- هوای این اتاق خیلی گرم است.
{هوای این اتاق خیلی گرمه}
하버예 인 오터그 케일리 갸르메

475. 그는 나에게 원한을 품고 있는 것처럼 보입니다.

475- بنظر می آید که او از دست من ناراضی است.
{بنظر میاد ازمن ناراضی یه}
베나자르 미어드 아즈 만 너러지 예

476. 당신은 머리를 쓰십시오.

476- فكر كنيد.{فكر كنين}

훼크르 코닌

477. 내 새 옷은 더러워졌습니다.

477- لباس جديد من كثيف شده است.
{لباس جديدم كثيف شده}

레버쎄 자디담 캬씨프 쇼데

478. 그녀는 아픕니다.

478- او مريض است.{اون مريضه}

운 마리제

479. 나는 그를 훼르도씨거리에서 만났습니다.

479- من او را در خيابان فردوسى ديدم.
{اونو تو خيابون فردوسى ديدم}

우노 투 키어부네 훼르도씨 디담

480. 현재 당신은 어디서 묵고 계십니까?

480- حالا كجا اقامت داريد؟{حالا كجا اقامت دارين؟}

헐러 코저 에거마트 더린?

481. 나는 당신이 은혜를 베풀어 주시기 바랍니다.

481- اميدوارم سايه شما از سر ما كم نشود.
{اميدوارم سايه شما از سر ما كم نشه}

오미드버람 써예에 쇼머 아즈 싸레 머 캄 나쉐

482. 당신은 정시에 도착해야 합니다.

482- شما باید سر وقت برسید.
{شما باید سروقت برسین}
쇼머 버야드 싸레 바그트 베레씬

483. 그 분의 반응은 어떻습니까?

483- برخورد او چطور است؟{برخورد او چطوره؟}
바르 코르데우 체토레?

484. 몇 분입니까?

484- چند نفر هستید؟{چند نفرین؟}
찬드 나파린?

485. 이것은 매우 복잡한 문제입니다.

485- این مسئله خیلی پیچیده است.
{این مسئله خیلی پیچیدَ س}
인 마쓰알레 케일리 피치다쓰

486. 저의 아버지께서는 작년에 돌아가셨습니다.

486- پدرم پارسال فوت کرد.{پدرم پارسال فوت کرد}
페다람 퍼르쌀 후트 캬르드

487. 나는 대충 알고 있습니다.

487- من تقریباً می دانم.{من تقریبن میدونم}
만 타그리반 미두남

488. 너무 심하게 일하지 마십시오.

488- زیاد کار نکنید.{زیاد کار نکنین}
지여드 커르 나코닌

489. 이것은 제가 본 관점입니다.

489 - این نظر من است. {این نظرمنه}

인 나자레 마네

490. 이것을 위에 걸치세요.

490 - این را روی لباس بپوشید. {اینو رو لباس بپوشین}

인 노 루 레버쓰 베푸쉰

491. 왼쪽으로 돌아가세요.

491 - به سمت چپ بپیچید. {به سمت چپ بپیچین}

베 쌈테 찹 베피친

492. 당신을 귀찮게 해서 죄송합니다.

492 - ببخشید که مزاحم شما شدم. {ببخشین مزاحم شدم}

베바크쉰 모저헴 쇼담

493. 나는 그분을 잘 알고 있습니다.

493 - من او را خوب می شناسم. {من اونو خوب میشناسم}

만 우노 쿱 미쉐너쌈

494. 집안을 청소해 주십시오.

494 - خانه را تمیز کنید. خانه را نظافت کنید. {خونرو تمیز کنین. خونرو نظافت کنین}

쿠나로 타미즈 코닌. 쿠나로 네저화트 코닌

495. 나는 나의 고향을 그리워합니다.
．دلم برای وطنم تنگ شده است -495
｛دلم برا وطنم تنگ شده｝
델람 바러 바타남 탕 쇼데

496. 나는 결코 이 특별한 은혜를 잊지 않을 겁니다.
．لطف شما را هیچ وقت فراموش نخواهم کرد -496
｛لطف شما رو هیچ وقت فراموش نمیکنم｝
로트훼 쇼머로 히치 바그트 화러무쉬 네미코남

497. 당신은 뭔가 한가지를 계속 잊어버립니다.
．شما همیشه یک چیزی را فراموش می کنید -497
｛شما همیشه یه چیزیو فراموش میکنین｝
쇼머 하미쉐 예 치조 화러무쉬 미코닌

498. 나이든 사람은 이따금씩 자주 잊어버립니다.
افراد مسنّ گاهیفراموش می کنند. اغلب سالمندان -498
گاهی فراموش می کنند.
｛افراد مسن گاهی فراموش میکنن. اغلب سالمندان
گاهی فراموش میکنن｝
아후러데 모쌘 거히 화러무쉬 미코난. 아글랍 썰레만던 거히 화러무쉬 미코난

499. 당신의 국적은 어디입니까?
ملّیت شما چیست؟. اهل کدام کشور هستید؟ -499
｛ملیت شما چیه؟. اهل کدوم کشورین؟｝
멜리야테 쇼머 치예?. 아흘레 코둠 케쉬바린?

500. 나는 한국 국적을 가지고 있습니다.

500 - اهل کره هستم. من کره ای هستم.
{اهل کره ام. من کره ای ام}

아흘레 코레 암. 만 코레이 암

501. 나는 말할 권리가 있습니다.

501 - من حق اظهار نظر دارم.

만 핫게 에즈허레 나자르 더람

502. 결정한 것이 아직 없습니다.

502 - هنوز تصمیمی گرفته نشده است.
{هنوز تصمیمی گرفته نشده}

하누즈 타쓰미미 게레프테 나쇼데

503. 자버디씨는 언제 시내로 나갔습니까?

503 - آقای جوادی کی به مرکز شهر رفته اند؟
{آقای جوادی کی به مرکز شر رفتن؟}

어거예 자버디 케이 베 마르캬제 쇼르 라프탄?

504. 그는 좋은 사람인 것 같습니다.

504 - او آدم خیلی خوبی بنظر می آید.
{او آدم خیلی خوبی بنظر میاد}

우 어메 케일리 쿠비 베나자르 미어드

505. 정말 처럼 보입니다.

505 - عین حقیقت است. {عین حقیقته}

에이네 하기가테

506. 나는 그가 옳은 것 같이 생각됩니다.

506 - فكر می كنم كه حق با او است.
{فكر میكنم حق با اونه}

훼크르 미코남 하그 버 우네

507. 매우 많은 사람이 그렇게 생각합니다.

507 - بیشتر مردم آنطور فكر می كنند.
{بیشتر مردم اونطور فك میكنن}

비쉬타르 마르돔 운 토르 훼크 미코난

508. 왼쪽으로 도세요. 저 모퉁이를 도세요. 도세요.

508 - به سمت چپ بپیچید. از سركوچه بپیچید. دور بزنید.
{سمت چپ بپیچین. از سركوچه بپیچین. دور بزنین}

쌈테 찹 베피친. 아즈 싸레 쿠체 베피친. 도르 베자닌

509. 그분은 나에게 불평하십니다.

509 - آن مرد به من شكایت می كند.
آن مرد به من اعتراض می كند.
{اون مرد به من شكایت میكنه. اون مرد به من اعتراض میكنه}

운 마르드 베 만 쉐커야트 미코네. 운 마르드 베 만 에그러즈 미코네

510. 이 칼은 녹슬었습니다.

510 - این كارد زنگ زده است. {این كارد زنگ زده}

인 커르드 쟝 자데

511. 이것은 내 개인의 것입니다.

511- این وسیله شخصی من است.
{این وسیله شخصی منه}

인 바씰레 쇼크씨에 마네

512. 저것은 당신 자신의 것입니다.

512- آن مال خودت است. {اون مال خودته}

운 멀레 코다테

513. 나는 이 점을 확실하게 이해하지 못합니다.

513- این نکته را دقیقاً نمی فهمم.
{این نکته رو دقیقن نمیفهمم}

인 노크테로 다기간 네미화흐맘

514. 어찌 그렇게 야단법석입니까?

514- چرا اینقدر شلوغ است؟{چرا اینقدر شلوغه؟}

체러 인가드르 쇼루게?

515. 떨어뜨리지 않게 조심하세요.

515- مواظب باشید نیفتید. {مواظب باشین نیفتین}

모버젭 버쉰 나요프틴

516. 나는 테헤란을 떠날 것입니다.

516- من تهران را ترک می کنم.
{من تهرونو ترک میکنم}

만 테흐루노 타르크 미코남

517. 우리 그늘 밑으로 갑시다.

517 - زیر سایه درخت برویم.
{زیر سایه ی درخت بریم}
지레 써예예 데라크트 베림

518. 당신은 떨고 있군요. 무슨 일이 있습니까?

518 - بنظرم شما ترسیده باشید. چه شده است؟
{بنظرم شما ترسیده باشین. چی شده؟}
베나자람 쇼머 타르씨데 버쉰. 치 쇼데?

519. 나는 두려움에 몸이 떨립니다.

519 - من از ترس می لرزم.
만 아즈 타르쓰 미라르잠

520. 나는 내 친구에 대해 애가 탑니다.

520 - دلم بخاطر دوستم می سوزد.
{دلم بخاطر دوستم میسوزه}
델람 베커테레 두스탐 미쑤제

521. 비교할 수 없습니다.

521 - قابل مقایسه نیست. {قابل مقایسه نیس}
거벨레 모거예쎄 니쓰

522. 나는 2년 후에 프랑스로 돌아올 것입니다.

522 - بعد از دو سال به فرانسه باز خواهم گشت.
{بعد از دو سال به فرانسه باز می گردم}
바아드 아즈 도 썰 베 화런쎄 버즈 미갸르담

523. 나는 2시 이후에 다시 올 것입니다.

523 - بعد از ساعت دو دوباره می آیم.
{بعد از ساعت دو دوباره میام}

바아드 아즈 써아테 도 도버레 미엄

524. 이것은 철로 만들어졌습니다.

524 - این از آهن درست شده است.
{این از آهن درست شده}

인 아즈 어한 도로스트 쇼데

525. 오늘 밤 나는 연극을 보러 갈 것입니다.

525 - امشب به تأتر می روم. {امشب به تأتر میرم}

엠솹 베 떼아뜨르 미람

526. 그분은 바지런하십니다.

526 - آن آقا پرکار است. آن آقا فعّال است.
{اون آقا پرکاره. اون آقا فعّاله}

운 어거 포르커레. 운 어거 화얼레

527. 나의 부모님은 아직 살아계십니다.

527 - والدین من هنوز زنده اند. {والدین من هنوز زندن}

벌레데인네 만 하누즈 젠단

528. 당신 혼자 사시지요, 그렇지요?

528 - شما تنها زندگی می کنید، درست است?
{شما تنا زندگی میکنین، درسته?}

쇼머 타너 젠데기 미코닌, 도로스테?

529. 이 도(道)에 사는 것은 매우 좋습니다.

529- خیلی خوب است که در این استان زندگی می کنید.{خیلی خوبه تو این استان زندگی میکنین}

케일리 쿠베 투 인 오스턴 젠데기 미코닌

530. 페인트가 아직 젖었으니 주의하세요.

530- رنگ دیوار هنوز خشک نشده است، مواظب باشید.{رنگ دیوار هنوز خشک نشده مواظب باشین}

랑게 디버르 하누즈 코쉬크 나쇼데, 모버젭 버쉰

531. 잘 생각하십시오.

531- با دقت فکر کنید.{ با دقت فک کنین}

버 데가트 훼크 코닌

532. 당신은 무엇을 생각하고 계십니까?

532- به چه فکر می کنید؟{به چی فک میکنین؟}

베 치 훼크 미코닌?

533. 이것은 어떤 일에 쓰입니까?

533- این به چه درد می خورد؟ برای چه موردی به کار می رود؟{این به چه درد میخوره؟ برا چه موردی به کار میره؟}

인 베 체 다르드 미코레?. 바러 체 모레디 베 커르 미레?

534. 당신이 무슨 일이 있으면 나에게 오십시오.

534- اگر کاری داشتید پیش من بیایید.{اگه کاری داشتین پیش من بیاین}

아게 커리 더쉬틴 피쉐 만 비어인

535. 저것은 중요한 일입니다.

535 - آن کار مهمی است. {اون کار مهمیه}

운 커르 모헴미 예

536. 이 기계는 고쳐야만 합니다.

536 - این وسیله باید تعمیر بشود.
{این وسیله باید تعمیر بشه}

인 바씰레 버야드 타아미르 베쉐

537. 이 가구를 고쳐주십시오.

537 - این اثاثیه و مبلمان را تعمیر کنید.
{این اثاثیه أ مبلمانو تعمیر کنین}

인 아써씨예 오 모불라무노 타아미르 코닌

538. 사람들은 가격에 대해 불평합니다.

538 - مردم از قیمتها ناراضی هستند.
{مردم از قیمتا ناراضی ان}

마르돔 아즈 게이마터 너러지 안

539. 나는 호텔에서 당신을 기다리겠습니다.

539 - من در هتل منتظر شما خواهم بود.
{من در هتل منتظرتون خاهم بود}

만 다르 호텔 몬타제레툰 커함 부드

540. 왜 당신은 이렇게 늦게 왔습니까

540 - چرا اینقدر دیر آمدید؟ {چرا اینقد دیر اومدین؟}

체러 인 가드 디르 우마딘?

541. 나는 그 일에 찬성할 수 없습니다.

541- من با این کار موافق نیستم.
{با این کار موافق نیستم}

버 인 커르 모버훽그 니스탐

542. 잠시 나를 도와주세요.

542- کمی به من کمک کنید. {کمی بمن کمک کنین}

캬미 베 만 코마크 코닌

543. 손을 드세요.

543- دستتان را بالا ببرید. {دستتونو بالا ببرین}

다스테투노 벌러 베바린

544. 오른손을 뻗으세요.

544- دست راست را دراز کنید.
{دست راستو دراز کنین}

다스테 러스토 데러즈 코닌

545. 물건값이 막 올랐습니다.

545- تازگیها بهای اجناس بالا رفته است.
{تازگیا بهای اجناس بالا رفته}

터제기어 바허예 아즈너스 벌러 라프테

546. 나는 이 선물을 당신에게 드리고 싶습니다.

546- می خواهم این هدیه را به شما بدهم. می خواهم این هدیه را به شما تقدیم کنم.
{میخام این هدیه رو به شما بدم. میخام این هدیه رو به شما تقدیم کنم}

미컴 인 헤디예 로 베 쇼머 베담. 미컴 인 헤디예로 베 쇼머 타그딤 코남

547. 나는 정성을 다하여 당신을 돕겠습니다.

547- با کمال میل به شما کمک می کنم. از دل و جانبه شما کمک می کنم.
{با کمال میل به شما کمک میکنم. از دلو جان به شما کمک میکنم}

버 카멀레 메일 베 쇼머 코마크 미코남. 아즈 델로 전 베 쇼머 코마크 미코남

548. 그분은 성격이 좋습니다.

548- آن آقا خوش اخلاق است. {اون آقا خوش اخلاقه}

운 어거 코쉬 아클러게

549. 그는 성격이 나쁩니다.

549- او بد اخلاق است. {او بد اخلاقه}

우 바드 아클러게

550. 나는 영어를 연습하고 있습니다.

550- من انگلیسی را تمرین می کنم.
{من انگلیسی رو تمرین میکنم}

만 엥겔리씨 로 탐린 미코남

551. 곧장 가시오.

551- مستقیم بروید. {مستقیم برین}

모스타김 베린

552. 나는 결코 그것을 본 적이 없습니다.

552- من هرگز آن را ندیده بودم.
{من هرگز اونو ندیده بودم}

만 하르게즈 우노 나디데 부담

553. 나는 창피합니다. 왜 당신은 창피합니까?

553 - خجالت می کشم. چرا خجالت می کشید؟
{خجالت میکشم. چرا خجالت میکشین؟}

케졀라트 미케샴. 체러 케졀라트 미케쉰?

554. 나는 당신을 볼 때 내 자신이 창피합니다.

554 - وقتی که شما را می بینم شرمنده می شوم.
{وقتیکه شمارو میبینم شرمنده میشم}

바그티케 쇼머 로 미비남 쇼르만데 미샴

555. 내 의견으로는…

555 - به نظر من ... {بنظرم...}

베 나자람…

556. 할머니는 어떠세요?

556 - مادر بزرگتان چطور است؟
{مادربزرگتون چطوره؟}

머다르 보조르게툰 체토레?

557. 그렇게 하십시오.

557 - همانطور انجام بدهید. {همونطور انجام بدین}

하문토르 안잠 베딘

558. 그렇다면 당신은 머물러 있어야 합니다.

558 - بنابراین اینجا بمانید. همینجا بمانید. پس همینجا بمانید. {بنابراین اینجا بمونین. همینجا بمونین. پس همینجا بمونین}

바너바르 인 인저 베무닌. 하민저 베무닌. 파쓰 하민저 베무닌

559. 왜 당신은 그렇게 말합니까?

559 -چرا شما اینطور می گویید؟
{چرا شما اینطور میگین؟}

체러 쇼머 인토르 미긴?

560. 나는 맹세합니다.

560 -به خدا قسم می خورم. به خدا قسم. به خدا.

베 코더 가쌈 미코람. 베 코더 가쌈. 베 코더

561. 나에게 예를 하나 들어주십시오.

561 -برای من یک مثال بزنید.
{برام یه دونه مثال بزنین}

바럼 예 두네 메쌀 베자닌

562. 많은 시간이 없습니다.

562 -وقت زیادی ندارم. فرصت ندارم.

바그테 지어디 나더람. 훠루싸트 나더람

563. 돌아갈 시간이 되었습니다.

563 -حالا باید برگردم.

헐러 버야드 바르 갸르담

564. 시간이 많이 걸립니까?

564 -آیا زیاد وقت می برد؟ {آیا زیاد وقت میبره؟}

어여 지여드 바그테 미바레?

565. 그래서 어떻게 되었습니까?

565 -پس چطور شد؟ {پس چطو شد؟}

파스 체토 쇼드?

566. 지금 나는 시내에 가기 싫습니다.

566 - الان دوست ندارم به شهر بروم.
{الان دوست ندارم به شر برم}

알런 두쓰 나더람 베 쇠르 베람

567. 이따금 나는 그분을 만납니다.

567 - بعضی وقتها ایشان را می بینم. گاهی ایشان را می بینم. بعضی اوقات ایشان را می بینم.
{بعضی وقتا ایشونو میبینم. گاهی ایشونو میبینم. بعضی اوقات ایشونو میبینم}

바아지 바그터 이슈노 미비남. 거히 이슈노 미비남. 바아지 오거트 이슈노 미비남

568. 당신은 한가하십니까?

568 - وقت آزاد دارید؟ شما وقت دارید؟ شما بیکار هستید؟
{وقت آزاد دارین؟. وقت دارین؟. بیکارین؟}

바그테 어저드 더린?. 바그트 더린?. 비커린?

569. 나는 편지를 써야만 합니다.

569 - باید نامه بنویسم.

버야드 너메 베네비쌈

570. 나는 허락할 수 없습니다.

570 - نمی توانم اجازه بدهم. {نمیتونم اجازه بدم}

네미투남 에저제 베담

571. 이것은 편리합니다.

571- این راحت است. {این راحته}

인 러하테

572. 자멀리씨는 어떤 류의 사람입니까?

572- آقای جمالی چه جور آدمی است؟
{آقای جمالی چه جور آدمیه ؟}

어거예 자멀리 체 주르 어다미예?

573. 한번 봐 주십시오.

573- یک بار ببینید. {یه بار ببینین}

예 버르 베비닌

574. 내가 그를 시험해 보겠습니다.

574- من او را امتحان می کنم.
{من اونو امتحان میکنم}

만 우노 엠테헌 미코남

575. 아직 몇개가 남아 있습니까?

575- چند عدد باقی مانده است؟ {چند تا باقی مونده؟}

찬드 터 버기 문데?

576. 그는 이미 잠에서 깨어났습니까?

576- آیا او خیلی وقت است که از خواب بیدار شده است؟
{خیلی وقته از خواب بیدار شده؟}

케일리 바그테 아즈 컵 비더르 쇼데?

577. 나는 밤새도록 깨어 있었습니다.

577 - من تمام شب بیدار بودم. {من تموم شب بیدار بودم}

만 타무메 샵 비더르 부담

578. 나는 아침 6시에 일어났습니다.

578 - من ساعت شش صبح از خواب شدم.
{من ساعت شیش صب از خاب بیدار شدم}

만 써아테 쉬쉐 쏩 아즈 컵 비더르 쇼담

579. 내일 아침 6시에 나를 깨어주세요.

579 - فردا ساعت شش صبح من را بیدار کنید.
{فردا ساعت شیش صب منو بیدار کنین}

화르더 써아테 쉬쉐 쏩 마노 비더르 코닌

580. 나는 영어로 말할 수 없습니다.

580 - من زبان انگلیسی بلد نیستم.
من نمی توانم زبان انگلیسی صحبت کنم.
{من انگلیسی بلد نیستم. من نمیتونم انگلیسی صحبت کنم}

만 엥겔리씨 발라드 니스탐. 만 네미투남 엥겔리씨 쏘흐바트 코남

581. 나는 그를 불쌍하게 생각합니다.

581 - دلم به حالش می سوزد. {دلم به حالش میسوزه}

델람 베 헐레쉬 미쑤제

582. 안됐군요!

582 - حیف!

헤이프!

583. 나는 보통 때와 마찬가지로 바쁩니다.

583- من مثل همیشه گرفتارم.

만 메슬레 하미쉐 게레프터람

584. 매우 유감입니다.

584- خیلی متأسفم!

케일리 모타아쎄홤!

585. 나는 은행에서 약간의 돈을 찾아야 합니다.

585- من باید مقداری پول از حساب بانکی ام بردارم.
{باید مقداری پول از حساب بانکیم وردارم}

버야드 메그더리 풀 아즈 헤써베 번킴 바르 더람

586. 매우 편리합니다.

586- خیلی راحت است. {خیلی راحته}

케일리 러하테

587. 영어는 어렵습니다.

587- زبان انگلیسی مشکل است.
{زبون انگلیسی مشکله}

자부네 엥겔리씨 모쉬켈레

588. 이 책은 이름이 나있습니다.

588- این کتاب روزاست. این کتاب روی بورس است.
{این کتاب روزه. این کتاب رو بورسه}

인 케텁 루제. 인 케텁 루 부르쎄

589. 그분(부인)은 유명한 문인입니다.

589 - آقا(خانم) نویسندهٔ مشهوری است.
{آقا(خانوم) نویسندهٔ مشهوریه}

어거(커눔) 네비싼데예 마쉬후리예

590. 당신은 무엇을 찾고 있습니까?

590 - دنبال چه می گردید؟ {دنبال چی میگردین؟}

돈벌레 치 미갸르딘?

591. 당신은 나를 믿습니까?

591 - آیا حرف مرا باور می کنید؟ آیا به من اعتماد دارید؟
{حرف منو باور میکنین؟. به من اعتماد دارین؟}

하르훼 마노 버버르 미코닌?. 베 만 에으테머드 더린?

592. 나는 그것을 믿을 수 없습니다.

592 - من نمی توانم آن را باور کنم.
{من نمیتونم اونو باور کنم}

만 네미투남 우노 버바르 코남

593. 무슨 소식이 있습니까?

593 - چه خبر است؟ {چه خبره؟}

체 카바레?

594. 내가 좋은 소식을 당신에게 가져다 드리지요.

594 - من خوش خبر هستم. {خوش خبرم}

코쉬 카바람

595. 그분(그녀)의 성격은 좋습니다.

595 - آن آقا(خانم) با شخصیت است.
{اون آقا(خانوم) با شخصیته}

운 어거(커눔) 버 쇠크씨야테

596. 나는 에스화헌에 갈 계획입니다.

596 - قصد دارم به اصفهان بروم.
{قصد دارم به اصفهان برم}

가쓰드 더람 베 에스화헌 베람

597. 그분은 깨어 있습니까, 주무십니까?

597 - آن آقا بیدار است یا خواب؟
{اون آقا بیداره یا خوابه؟}

운 어거 비더레 여 커베?

598. 당신은 내가 알도록 분명히 해야 합니다.

598 - شما باید کاملاً من را روشن کنید.
کاملاً برای من توضیح بدهید.
{شما باید کاملن منو روشن کنین. کاملن برام توضی بدین}

쇼머 버야드 커멜란 마노 로샨 코닌. 커멜란 바럼 토지 베딘

599. 나는 갈 계획입니다.

599 - قصد دارم که بروم. می خواهم بروم.
{قصد دارم برم. میخام برم}

가쓰드 더람 베람. 미컴 베람

600. 당신은 지금 무엇을 할 작정입니까?

600- الان شما چه کار خواهید کرد؟ الان می خواهید چه کار کنید؟ {الان شما چی کار میکنین؟. الان میخاین چیکار کنین؟}

알런 쇼머 치 커르 미코닌?. 알런 미커인 체커르 코닌?

601. 내 머리를 조금 더 짧게 깎아주세요.

601- مویم را کمی کوتاه تر کنید. {مومُو کمی کوتاهتر کنین}

무모 캬미 쿠터흐타르 코닌

602. 그분은 나의 삼촌이십니다.

602- آن آقا عموی من است. {اون آقا عمومه}

운 어거 아무메

603. 나는 어제 테헤란에 도착했습니다.

603- دیروز به تهران رسیدم. {دیروز به تهرون رسیدم}

디루즈 베 테흐룬 레씨담

604. 나를 비난하지 마세요.

604- اینقدر از من ایراد نگیرید. من را سرزنش نکنید. {اینقدر ازمن ایراد نگیرین. منو سرزنش نکنین}

인가드르 아즈 만 이러드 나기린. 마노 싸르자네쉬 나코닌

605. 누가 비난을 받게 될까요?

605- چه کسی مورد سرزنش قرار گرفت؟.از چه کسی

ایراد گرفت؟
{کی مورد سرزنش قرار گرفته؟. از کی ایراد گرفت؟}

키 모레데 싸르 자네쉬 가러르 게레프테?. 아즈 키 이러드 게레프트?

606. 나는 길게 토론하는 것을 좋아하지 않습니다.

606- با جروبحث طولانی مخالفم.از گفتگوی طولانی خوشم نمی آید. {با جروبحث طولانی مخالفم. ازگفتگوی طولانی خوشم نمیاد}

버 자르로바흐쎄 툴러니 모커레홤. 아즈 코프트구예 툴러니 코샴 네미어드

607. 나는 그 부인을 만나는 것을 원하지 않습니다.

607- نمی خواهم دیگر آن خانم را ببینم. {نمیخام دیگه اون خانومو ببینم}

네미컴 디게 운 커누모 베비남

608. 내가 우리 가족 중에 가장 어립니다.

608- من کوچکترین عضو خانواده هستم. {من کوچکترین عضو خونوادم}

만 쿠체크타린 오즈베 쿠네버담

609. 벽에 사진을 거세요.

609- عکس را به دیوار بزنید. {عکسو به دیوار بزنین}

아크쏘 베 디버르 베자닌

610. 그는 20분 늦었습니다.

610 - او بیست دقیقه دیر کرد. {بیس دیقه دیر کرد}
비스트 다게 디르 캬르드

611. 그것은 가치없는 물건입니다.

611 - آن چیز ارزش ندارد. {اون چیز ارزش نداره}
운 치즈 아르제쉬 나더레

612. 저것 위에 그것을 놓아두세요.

612 - آنها را روی هم بگذارید. روی هم قرار دهید. {اونا رو رو هم بذارین. رو هم قراربدین}
우노로 루 함 베저린. 루함 가러르 베딘

613. 내 돈지갑을 도둑맞았습니다.

613 - کیف پول من را زده اند. {کیف پول منو زدن}
키페 풀레 마노 자단

614. 나는 많은 장애에 부딪쳤습니다.

614 - من با مشکلات زیاد روبرو شدم.
만 버 모쉬켈러테 지여드 루베루 쇼담

615. 나를 제외하고는 누구나 그 이야기를 알고 있습니다.

615 - غیر از من دیگران هم آن موضوع را می دانند. {غیر از من دیگرونم اون موضوع رو میدونن}
게이르 아즈 만 디갸루남 운 모주우로 미두난

616. 비가 오지 않는다면 나는 갈 것입니다.

616- اگر باران نبارد می روم. {اگه بارون نباره میرم}

아게 버룬 나버레 미람

617. 정오쯤에 나는 돌아갈 것입니다.

617- نزدیک ظهر بر می گردم.

나즈디케 조흐르 바르 미갸르담

618. 정오에 당신은 무엇을 하실 것입니까?

618- ظهر چه کار می کنید؟ {ظهر چی کار میکنین؟}

조흐르 치 커르 미코닌?

619. 나는 당신을 호텔 앞에서 기다릴 것입니다.

619- جلوی هتل منتظر شما خواهم بود. {جلو هتل منتظر شما ام}

졸로 호텔 몬타제레 쇼머 암

620. 우리 기회를 놓치지 맙시다.

620- ما باید این فرصت را غنیمت بشماریم. {باید این فرصتو غنیمت بشماریم}

버야드 훠르싸토 가니마트 베쇼머림

621. 당신은 몇살입니까? 나는 20살 입니다.

621- چند سال دارید؟ بیست سال دارم.
چند سالتان است؟ بیست سالم است.
{چند سال دارین؟ بیس سال دارم. چند سالتونه؟ بیس سالمه}

찬드 썰 더린? 비스 썰 더람. 찬드 썰레투네? 비스 썰람메

622. 그때부터 나는 이란어를 공부했습니다.

622- از آن به بعد فارسی را یاد گرفتم.
{از اون به بعد فارسی رو یاد گرفتم}

아즈 운 베 바드 휘르씨 로 여드 게레프탐

623. 과연 당신은 매우 친절하십니다.

623- واقعاً شما با محبت هستید.
{واقعن شما با محبت هستین}

버게안 쇼머 버 모하바트 하스틴

624. 이것은 내것과 비슷합니다.

624- این شبیه مال من است. این عین مال من است.
{این شبیه مال منه. این عین مال منه}

인 쇼비헤 멀레 마네. 인 에이네 멀레 마네

625. 지금 내가 들어가도 됩니까?

625- می شود الان بیایم داخل؟ {میشه الان بیام تو؟}

미쉐 알런 비얌 투?

626. 나는 그분의 돈을 빌렸습니다.

626- من از او پول قرض کرده ام.
{من از او پول قرض کردم}

만 아즈 우 풀 가르즈 캬르담

627. 그분은 없습니다.(부재중입니다.)

627- آن آقا تشریف ندارند. ایشان نیستند.
{اون آقا تشیف ندارن. ایشون نیستن}

운 어거 타쉬프 나더란. 이슌 니스탄

628. 그 사람은 언제나 명랑합니다.

628- آن مرد همیشه خوشرو است.
{اون مرد همیشه خوشرو ا!}

운 마르드 하미쉐 코쉬루 에

629. 나는 자세하게 알고 있습니다.

629- آن موضوع را کاملاً می دانم.
من به آن موضوع کاملاً واقف هستم.
{اون موضوع رو کاملن میدونم. من به اون موضوع کاملن واقفم}

운 모주으 로 커멜란 미두남. 만 베 운 모주으 커멜란 버게팜

630. 왜 당신은 그렇게 슬프게 보입니까?

630- چرا ناراحت بنظر می رسید؟
{چرا ناراحت بنظر میرسین؟}

체러 너러하트 베나자르 미레씬?

631. 아저씨는 안 계십니까?

631- حاج آقا تشریف ندارند؟. حاج آقا نیستند؟
{حاج آقا تشیف ندارن؟. حاج آقا نیستن؟}

허즈 어거 타쉬프 나더란?. 허즈 어거 니스탄?

632. 문제가 되지 않습니다.

632- مسئله ای نیست. {مسله ای نیس}

마쌀레이 니쓰

633. 그는 옷을 단정하게 입습니다.

633- لباس او همیشه مرتب است. او باسلیقه است.
{لباسش همیشه مرتبه. او با سلیقه اس}

레버쎄 우 하미쉐 모라타베. 우 버 쌀리게 아쓰

634. 당신은 그 분의 말을 들어야 합니다.

634- شما باید به حرف او گوش کنید.
{باید به حرفش گوش کنین}

버야드 베 하르훼쉬 구쉬 코닌

635. 그렇다면 언제 당신은 가십니까?

635- پس کی می روید؟ {پس کی میرین؟}

파쓰 케이 미린?

636. 우리 즐겁게 놉시다.

636- خوش بگذرانیم. {خوش بگذرونیم}

코쉬 보그자루님

637. 당신은 헛수고 했을 뿐 입니다.

637- زحمت شما به باد رفت.

자흐마테 쇼머 베 버드 라프트

638. 그분은 응할 생각을 하고 있습니다.

638- ایشان دربارهٔ این کار نظر مثبت دارند.
ایشان دربارهٔ این کار نظر موافق دارند.
{ایشون درباره ی این کار نظر مثبت دارن. ایشون درباره ی این کار نظر موافق دارن}

이슌 다르버레 예 인 커르 나자레 모쓰바트 더란. 이슌 다르버레 예 인 커르 나자레 모버휔그 더란

639. 나는 그 일에 응하지 않습니다.

639 - من آن کار را قبول نمی کنم. من مخالف هستم. من موافق نیستم.
{من اون کارو قبول نمیکنم. من مخالفم. من موافق نیستم}

만 운 커로 가불 네미코남. 만 모컬레홤. 만 모버훼그 니스탐

640. 내가 그의 주소를 아는 것 이상 바랄것이 무엇이 있겠습니까?

640 - آیا من چیزی بیشتر از آدرس او می خواهم؟
{آیا من چیزی بیشتر از آدرسش میخام؟}

어여 만 치지 비쉬타르 아즈 어드레쎄쉬 미컴?

641. 당신은 슬퍼하지 마세요.

641 - غصّه نخورید. {غصه نخورین}

고쎄 나코린

642. 몇분 안에 그분은 여기에 도착하실 겁니다.

642 - تا چند دقیقه دیگر آن آقا به اینجا می رسند.
{تا چند دیقه دیگه اون آقا اینجا میرسن}

터 찬드 다게 예 디게 운 어거 인저 미레싼

643. 나는 당신에게 간청합니다.

643 - از شما خواهش می کنم. از شما تقاضا می کنم.

아즈 쇼머 커헤쉬 미코남. 아즈 쇼머 타거저 미코남

644. 당신은 핸섬해 보입니다.

644 - شما خوش تیپ هستید.{شما خوش تیپ هستین}
쇼머 코쉬 팁 하스틴

645. 누가 이 그림을 그렸습니까?

645 - این نقاشی را چه کسی کشیده است؟
{این نقاشیو کی کشیده؟}
인 나거쉬요 키 케쉬데?

646. 나는 그분을 집에 모셔다 드려야 합니다.

646 - من باید ایشان را به خانه شان برسانم.
{من باید ایشونو به خونشون برسونم}
만 버야드 이슈노 베 쿠나슌 베라쑤남

647. 만약 당신이 이해한다면…

647 - اگر شما درک کنید… {اگه شما درک کنین…}
아게 쇼머 다르크 코닌…

648. 당신 때문에 나는 그 일을 했습니다.

648 - من به خاطر شما آن کار را انجام دادم.
{من به خاطرشما اون کارو انجام دادم}
만 베 커테레 쇼머 운 커로 안점 더담

649. 무슨 일이세요?

649 - چه شده است؟{چی شده؟}
치 쇼데?

650. 나는 해야할 일이 많아요.

650 - خیلی کار است که باید انجام دهم.
{خیلی کاره که باید انجام بدم}

케일리 커레 케 버야드 안점 베담

651. 그 분은 일에 숙달되어 있습니다.

651 - آن آقا با تجربه و ماهر هستند. آن آقا مجرّب هستند.
{اون آقا با تجربه ُ ماهر هستن. اون آقا مجرّب هستن}

운 어거 버 타즈로베 오 머헤르 하스탄. 운 어거 모자랍 하스탄

652. 당신은 모든 일에 성공했습니다.

652 - شما در تمام کارها موفق شده اید.
{شما در تموم کارا موفق شدین}

쇼머 다르 타무메 커러 모바화그 쇼딘

653. 나는 당신에게 동의합니다.

653 - من با شما موافقم.

만 버 쇼머 모버훼감

654. 나는 당신이 그 일을 하기를 제의합니다.

654 - پیشنهاد می کنم که شما آن کار را انجام بدهید.
{پیشنهاد میکنم شما اون کارو انجام بدین}

피쉬네허드 미코남 쇼머 운 커로 안점 베딘

655. 영어로 편지를 씁시다.

655- نامه ای به زبان انگلیسی بنویسیم.
{نامه ای به انگلیسی بنویسیم}

너메이 베 엥겔리씨 베네비씸

656. 내 이름을 이란어로 써 주십시오.

656- اسم مرا به زبان فارسی بنویسید.
{اسم منو به فارسی بنویسین}

에스메 마노 베 훠르씨 베네비씬

657. 조심해서 쓰세요.

657- با دقت بنویسید. {با دقت بنویسین}

버 데가트 베네비씬

658. 더 정확하게 써주세요.

658- دقیقتر بنویسید.{دقیقتر بنویسین}

다기그타르 베네비씬

659. 내게 기대지 마세요.

659- به من متّکی نباشید. به من تکیه نکنید. روی من حساب نکنید. 7
{به من متکی نباشین. به من تکیه نکنین. روم حساب نکنین}

베 만 모타키 나버쉰. 베 만 테키예 나코닌. 룸 헤썹 나코닌

---

[7] 정신적인 것을 의미함.

660. 나는 무사하게 에스화헌에 도착했습니다.

660 - من به سلامتی به اصفهان رسیده ام.
{من به سلامتی به اصفهان رسیدم}
만 베 쌀러마티 베 에스화헌 레씨담

661. 왜 당신은 그리 급합니까?

661 - چرا اینقدر عجله می کنید؟. چرا اینقدر عجله دارید؟
{چرا اینقد عجله میکنین؟. چرا اینقد عجله دارین؟}
체러 인 가드 아잘레 미코닌?. 체러 인 가드 아잘레 더린?

662. 나는 모르는체 했습니다.

662 - خود را به نفهمی زدم.{خودمو به نفهمی زدم}
코다모 베 나화흐미 자담

663. 그것이 깨지지 않도록 조심하세요.

663 - مواظب باشید نشکند.{مواظب باشین نشکنه}
모버젭 버쉰 나쉐캬네

664. 나는 당신이 즐거운 크리스마스를 보내시길 기원합니다.

664 - امیدوارم که کریسمس به شما خوش بگذرد.
{امیدوارم کریسمس به شما خوش بگذره}
오미드버람 케리쓰마쓰 베 쇼머 코쉬 보그자레

665. 새해 복 많이 받으세요.

665 - سال نو مبارک. عید شما مبارک.
썰레 노 모버라크. 에이데 쇼머 모버라크

666. 그는 일에 서투릅니다.

666 - او در این کار ناشی است.{او در این کار ناشیه}
우 다르 인 커르 너쉬 예

667. 그 그림 역시 그저 그렇습니다.

667 - آن نقاشی نه بد است و نه خوب.
{اون نقاشی نه بده نه خوبه}
운 나거쉬 나 바데 나 쿠베

668. 이것은 저것과 멀리 떨어져 있습니다.

668 - این از آن دور است.{این از اون دوره}
인 아즈 운 두레

669. 이일은 어떻게 일어난 것입니까?

669 - این اتفاق چطور افتاده است؟
{این اتفاق چطور افتاده؟}
인 에테훠그 체토르 오프터데?

670. 이것을 지우세요.

670 - این را پاک کنید.{اینو پاک کنین}
이노 퍼크 코닌

671. 저와 같이 식사하시지요.

671 - افتخار با هم غذا خوردن را به من می دهید.
{افتخار با هم غذا خوردنو بمن میدین}
에프테커레 버함 가저 코르다노 베 만 미딘

672. 더 드시지요.

672- بیشتر میل کنید. بفرمایید.
{بیشتر میل کنین. بفرماین}

비쉬타르 메일 코닌. 베화르머인

673. 그 분은 저 아가씨를 사랑합니다.

673- آن آقا عاشق آن دختر است.
{اون آقا عاشق اون دختره}

운 어거 어쉐게 운 도크타레

3. 교통관계(육, 해, 공, 세관)

🔵 기본단어

여권(고자르너메. 퍼쓰포르트)
گذرنامه. پاسپورت

기념물, (여행지의)선물(쏘거트)
سوغات

버스(오토부쓰)
اتوبوس

플렛트홈(싸쿠예 가터르)
سکوی قطار

침대칸(쿠페예 타크트더르)
کوپه تختدار

이등(다라제예 도봄)
درجهٔ دوم

비행장(훠르드거)
فرودگاه

대기실(오터게 엔테저르)
اطاق انتظار

환전소(싸러휘)

비행기(하버페이머)
هواپیما

트렁크, 여행가방(차마둔)
چمدان {چمدون}

기차(가터르. 테른)
قطار. ترن

철도, 기찻길(러흐 어한)
راه آهن

급행열차(가터레 싸리올쎄이르)
قطار سریع السیر

개찰구(다레 코루지. 코루지)
در خروجی. خروجی

검사하다(버즈라씨 캬르단)
بازرسی کردن

짐(버르)
بار

항공권, 비행기표(벨리테 하버페이머)

143 • 이란어회화

بليط هواپيما
지하철(메트로)
مترو
여객열차(가터레 모써훼르바리)
قطار مسافربرى
화물열차(가터레 버르바리)
قطار باربرى
직원(커르만드)
كارمند
면세
(베두네 멀리여트. 모어피야테 멀리여티)
بدون ماليات. معافيت ماليات

صرافى
역, 정거장(이스트거)
ايستگاه
배(케쉬티)
كشتى
세관(곰로크)
گمرک
짐칸(저예 버르. 가파쎄예 버르)
جاى بار. قفسه بار
수수료, 임금
(커르모즈드)
كارمزد
환율(아르즈)
ارز

674. 나는 이렇게 늦어서 죄송합니다.

674- ببخشيد كه دير كردم.{ببخشين دير كردم}
베바크쉰 디르 캬르담

675. 당신은 자버디씨가 오늘 도착할 것을 알고 있습니까?

675- آيا اطلاع داريد كه آقاى جوادى امروز مى رسند؟
{اطلاع دارين آقاى جوادى امروز ميرسن؟}
에테러으 더린 어거예 자버디 엠루즈 미레싼?

676. 이짐의 무게를 달아주세요.

676- این بار را بکشید. این بار را وزن کنید.
{این بارو بکشین. این بارو وزن کنین}
인 버로 베케쉰. 이 버로 바즌 코닌

677. 비행기가 이륙합니다.

677- هواپیما پرواز می کند. هواپیما بلند می شود.
{ هواپیما پرواز میکنه. هواپیما بلند میشه}
하버페이머 파르버즈 미코네. 하버페이머 볼란드 미쉐.

678. 비행기가 착륙합니다.

678- هواپیما بزمین می نشیند. هواپیما فرود می آید.
{هواپیما بزمین میشینه. هواپیما فرود میاد}
하버페이머 베자민 미쉬네. 하버페이머 훠루드 미어드.

679. 몇시에 비행기는 이륙합니까?

679- هواپیما چه ساعتی پرواز می کند؟
{هواپیما چه ساعتی پرواز میکنه؟}
하버페이머 체 써아티 파르버즈 미코네?

680. 나는 세개의 가방이 있습니다.

680- من سه عدد چمدان دارم. {من سه تا چمدون دارم}
만 쎄 터 차마둔 더람

681. 내 짐을 체크인해 주세요.

681- به چمدانم برچسب بزنید. چمدانم را بفرستید.
چمدان منرا تحویل بدهید.
{به چمدونم برچسب بزنین. چمدونمو بفرستین.

چمدونمو تحویل بدین}

베 차마두남 바르차씁 베자닌. 차마두나모 베훠레쓰틴. 하 마두나모 타흐빌 베딘

682. 당신은 내 짐을 이미 검사하지 않았습니까?

682 - آیا شما قبلاً چمدان مرا بازرسی نکردید؟
{آیا شما قبلن چمدون منو بازرسی نکردین؟}

어여 가불란 차마두네 마노 버즈라씨 나캬르딘?

683. 나의 짐을 검사해 주세요.

683 - لطفاً چمدان مرا بازرسی کنید.
{لطفن چمدون منو بازرسی کنین}

로트환 차마두네 마노 버즈라씨 코닌

684. 당신은 내 짐을 검사했습니까?

684 - چمدان مرا بازرسی کردید؟
{چمدون منو بازرسی کردین؟}

차마두네 마노 버즈라씨 캬르딘?

685. 이 길이 비행장 가는 길입니까, 이 길입니까? 저 길입니까?

685 - آیا این راه به طرف فرودگاه می رود؟
{آیا این راه به طرف فرودگاه میره؟}

어여 인 러흐 베 타라훼 휘루드거 미레?

686. 안내소는 어디에 있습니까?

686 - اطلاعات کجاست؟
{اطلاعات کجاس؟}

에떼러어트 코저쓰?

687. 언제 마쉬하드행 기차가 출발합니까?

687- قطار مشهد کی حرکت می کند؟
قطار مشهد چه وقت حرکت می کند؟
{قطار مشهد کی حرکت میکنه؟. قطار مشهد چه وقت حرکت میکنه؟}

가타레 마쉬하드 케이 하라캬트 미코네?. 가타레 마쉬하드 체 바그트 하라캬트 미코네?

688. 마쉬하드 가는데 얼마나 오래 소요됩니까?

688- چند ساعت طول می کشد تا به مشهد برسیم؟
{چند ساعت طول میکشه تا به مشد برسیم؟}

찬 써아트 툴 미케쉐 터 베 마샤드 베라씸?

689. 나는 기차시간을 맞추지 못했습니다.

689- من به موقع به قطار نرسیدم. من از قطار جا ماندم.
{من بموقع به قطار نرسیدم. من از قطار جا موندم}

만 베 모게 베 가타르 나레씨담. 만 아즈 가타르 저 문담

690. 기차는 움직이지 않습니다.

690- قطار حرکت نمی کند. {قطار حرکت نمیکنه}

가타르 하라캬트 네미코네

691. 기차는 빨리 달리고 있습니다.

691- قطار سریع حرکت می کند.
{قطار سریع حرکت میکنه}

가타르 싸리으 하라캬트 미코네

692. 이 길은 어디로 가는 길입니까?

692 - این راه به کجا می رسد؟
{این راه به کجا میرسه؟}

인 러흐 베 코저 미레쎄?

693. 그는 역까지 안내해 주었습니다.

693 - او مرا تا ایستگاه راهنمایی کرد.
{او منو تا ایستگا راهنمایی کرد}

우 마노 터 이스트거 러흐나머이 카르드

694. 마지막 기차는 몇시에 출발합니까?

694 - آخرین قطار چه ساعتی حرکت می کند؟
{آخرین قطار چه ساعتی حرکت میکنه؟}

어카린 가터르 체 써아티 하라카트 미코네?

695. 나는 역에다 트렁크를 두었습니다.

695 - چمدانم را در ایستگاه جا گذاشتم.
{چمدونمو تو ایستگا جا گذاشتم}

차마두나모 투 이스트거 저 고저쉬탐

696. 기차는 몇시에 도착합니까?

696 - قطار چه ساعتی می رسد؟
{قطار چه ساعتی میرسه؟}

가터르 체 써아티 미레쎄?

697. 기차는 2시에 도착할 것입니다.

697 - قطار ساعت دو می رسد.
{قطار ساعت دو میرسه}

가터르 써아테 도 미레쎄

698. 물건은 내일 도착할 것입니다.

698 - بارها فردا می رسد.{بارا فردا میرسه}

버러 화르더 미레쎄

699. 당신은 무슨 편으로 오셨습니까?(교통수단)

699 - شما با چه وسیله ای آمده اید؟{با چی اومدین؟}

버 치 우마딘?

700. 당신은 몇 시에 도착했습니까?

700 - شما چه ساعتی رسیده اید؟
{چه ساعتی رسیدین؟}

체 써아티 레씨딘?

701. 당신은 얼마나 오래 가 계실 것입니까?

701 - شما چند وقت اقامت می کنید؟
{چند وقت اقامت میکنین؟}

찬 바그트 에거마트 미코닌?

702. 버스는 떠났습니까?

702 - آیا اتوبوس حرکت کرده است؟
{اتوبوس حرکت کرده؟}

오토부스 하라캬트 캬르데?

703. 기차가 철로를 탈선했습니다.

703 - قطار از خط خارج شده است.
قطار از ریل خارج شده است.
{قطار از خط خارج شده. قطار از ریل خارج شده}

가타르 아즈 카트 커레즈 쇼데. 가타르 아즈 레일 커레즈 쇼데

704. 많은 사람들이 쏟아져 달려 나왔습니다.

704 - بیشتر مردم به بیرون هجوم آوردند.
{بیشتر مردم به بیرون هجوم آوردن}

비쉬타르 마르돔 베 비룬 호줌 어보르단

705. 나에게 곰가는 일등석 1장 주세요.

705 - لطفاً یک بلیط درجه یک در مسیر قم به من بدهید.
{لطفن یه بلیط درجه ی یک در مسیر قم به من بدین}

로트환 예 벨리테 다라제 옉 투 마씨레 곰 베 만 베딘

706. 급행표를 주세요.

706 - لطفاً یک بلیط سریع السیر بدهید.
{لطفن یه بلیط سریع السیر بدین}

로트환 예 벨리테 싸리올쎄이르 베딘

707. 침대권을 주세요.

707 - کوپه تختدار را می خواهم. {کوپه تختدار میخام}

쿠페예 타크트더르 미컴

708. 에스화헌행 왕복표

708 - بلیط دو سره به اصفهان

벨리테 도 싸레 베 에스화헌

709. 쉬러즈행 표 두장

709 - دو تا بلیط به شیراز

도 터 벨리트 베 쉬러즈

710. 개찰구는 어디입니까?

710 - در خروجی کجاست؟{در خروجی کجاس؟}
다레 코루지 코저쓰?

711. 마쉬하드 가는 기차는 몇번 승강장에 섭니까?

711 - قطار مشهد درچه ایستگاهی توقف می کند؟
{قطار مشد توچه ایستگاهی توقف میکنه؟}
가터레 마샤드 투 체 이스트거히 타봐고푸 미코네?

712. 이 기차는 마쉬하드에 갑니까?

712 - آیا این قطار به مشهد می رود؟
{این قطار به مشد میره؟}
인 가터르 베 마샤드 미레?

713. 마쉬하드가는 열차는 몇 시에 떠납니까?

713 - قطار مشهد چه ساعتی حرکت می کند؟
{قطار مشد کی حرکت میکنه؟}
가터레 마샤드 케이 하라캬트 미코네?

714. 버스는 커션에 몇 시에 도착합니까?

714 - چه ساعتی اتوبوس به کاشان می رسد؟
{کی اتوبوس به کاشان میرسه؟}
케이 오토부스 베 커션 미레쎄?

715. 이 기차는 어느 프렛홈에 정차합니까?

715 - این قطار در کدام سکو توقف می کند؟
{این قطار تو کدوم سکو توقف میکنه؟}
인 가터르 투 코둠 싸쿠 타봐고프 미코네?

716. 내 짐은 짐칸에 있습니까?

716 - آیا بار من در قفسه ی بار است؟
{آیا بارمن تو قفسه ی باره؟}

어여 버레 만 투 가화쎄예 버레?

717. 이 기차는 이 역에서 몇 분 정차합니까?

717 - مدت توقف این قطار در ایستگاه چقدر است؟
{مدت توقف این قطار تو ایستگا چقدره؟}

모다테 타바고페 인 가타르 투 이스트거 체가드레?

718. 이 역의 이름은 무엇입니까?

718 - اسم این ایستگاه چیست؟{اسم این ایستگا چیه؟}

에스메 인 이스트거 치예?

719. 여기서 야즈드에 가는데 몇 시간이 걸려야 합니까?

719 - از اینجا تا یزد چند ساعت طول می کشد؟
{از اینجا تا یزد چند ساعت طول میکشه؟}

아즈 인저 터 야즈드 찬드 써아트 툴 미케쉐?

720. 5시간 걸립니다.

720 - پنج ساعت طول می کشد.
{پنج ساعت طول میکشه}

판즈 써아트 툴 미케쉐

721. 우리는 반시간 더 있어야 출발할 것입니다.

721 - ما نیم ساعت دیگر حرکت خواهیم کرد.
{ما نیم ساعت دیگه حرکت میکنیم}

머 님 써아테 디게 하라캬트 미코님

722. 이 기차는 2시간에 1번씩 있습니다.

722- این قطار هر دو ساعت یک بار حرکت می کند.
{این قطار هر دو ساعت یه بار حرکت میکنه}
인 가타르 하르 도 써아트 예 버르 하라캬트 미코네

723. 몇 시입니까? 열시입니다.

723- ساعت چند است؟ ساعت ده است.
{ساعت چنده؟ ساعت دهه}
써아트 찬데?. 써아테 다헤

724. 나는 이 짐을 선반위에 올려 놓아야 하지요?

724- آیا باید این بار را در باربند بگذارم؟
{آیا باید این بارو تو باربند بزارم؟}
어여 버야드 인 버로 다르 버르반드 베저람?.

725. 우리 기차를 놓치지 않게 서두릅시다.

725- عجله کنیم که به قطار برسیم.
{عجله کنیم به قطار برسیم}
아잘레 코님 베 가타르 베라씸

726. 지금부터 4~5일…

726- از حالا تا چهار الی پنج روز....
از حالا لغایت چهار ، پنج روز...
{از حالا تا چارالا پنج روز... از حالا لغایت چار، پنج روز...}
아즈 헐러 터 처르 엘러 판즈 루즈. 아즈 헐러 레거야트 처르, 판즈 루즈...

727. 다음 열차편은 야간열차입니다.

727- قطار بعدی قطار شبانه است.
{قطار بعدی قطار شبانه اس}

가터레 바아디 가터레 쇼버네 아쓰

728. 1번 열차

728- قطار شماره یک {قطار شماره یک}

가터레 쇼머레 옠

729. 보통열차, 급행열차, 마지막열차

729- قطار عادی، قطار سریع السیر، آخرین قطار

가터레 어디, 가터레 싸리올쎄이르, 어카린 가터르

730. 이 기차는 테헤란에 가는 것이 맞습니까?

730- آیا این قطار به تهران می رود، درست است؟
{آیا این قطار به تهرون میره، درسته؟}

어여 인 가터르 베 테흐룬 미레, 도로스테?

731. 기차시간표

731- ساعات ترن

써어테 테른

732. 나는 다섯시 기차를 탈 것입니다.

732- من قطار ساعت پنج را سوار می شوم.
{من قطار ساعت پنجو سوار میشم}

만 가터레 써아테 판조 싸버르 미샴

733. 나는 기차로 여행을 갈 것입니다.

733 - من با قطار مسافرت می کنم.

만 버 가타르 모써훼라트 미코남

734. 나는 10시에 기차로 도착할 것입니다.

734 - من با قطار ساعت ده خواهم رسید.
{من با قطار ساعت ده میرسم}

만 버 가타르레 써아테 다흐 미레쌈

735. 나는 막 기차를 놓쳤습니다.

735 - از قطار عقب ماندم.{از قطار عقب موندم}

아즈 가타르 아갑 문담

736. 기차는 몇 시에 출발합니까?

736 - قطار کی حرکت می کند؟
{قطار کی حرکت میکنه؟}

가타르 케이 하라캬트 미코네?

737. 기차는 막 떠났습니다.

737 - قطار همین الان رفت.{قطار همی الان رفت}

가타르 하미 알런 라프트

738. 테헤란행 왕복표를 주십시오.

738 - لطفاً یک بلیط رفت و برگشت به تهران بدهید.
{لطفن یه بلیط رفتو برگشت به تهرون بدین}

로트환 예 벨리테 라프도 바르갸쉬트 베 테흐룬 베딘

739. 우리는 기차시간에 맞게 왔습니까?

739- ما به موقع به قطار رسیدیم؟

머 베 모게 베 가타르 레씨담?

740. 이 기차는 금연입니다.

740- در این قطار سیگار کشیدن ممنوع می باشد.

{در این قطار سیگار کشیدن ممنوعه}

다르 인 가타르 씨거르 케쉬단 맘누에

741. 기차는 정해진 시간에 정확하게 도착했습니다.

741- قطار سر ساعت رسیده است. قطار به موقع رسیده است.

{قطار سرساعت رسیده. قطار به موقع رسیده}

가타르 싸레 써아트 레씨데. 가타르 베 모게 레씨데

742. 기차를 놓칠까봐 나는 일찍 도착했습니다.

742- چون می ترسیدم دیر برسم زودتر آمده ام.

{چون میترسیدم دیر برسم زودتر اومدم}

춘 미타르씨담 디르 베라쌈 주드타르 우마담

743. 기차를 놓칠까봐 두려워할 필요가 없습니다.

743- نگران دیر رسیدن به قطار نباشید.

{نگرون دیررسیدن به قطار نباشین}

네가루네 디르 레씨단 베 가타르 나버쉰

744. 곰에서 오는 기차는 몇시에 도착합니까?

744- قطار قم چه ساعتی می رسد؟

{قطار قم چه ساعتی میرسه؟}

가타레 곰 체 써아티 미레쎄?

745. 기차는 얼마나 늦어집니까?

745 - قطار چقدر دیر رسیده است؟
{قطارچقدر دیر رسیده؟}

가타르 체가드르 디르 레씨데?

746. 기차는 싸기도 하고 빠르기도 합니다.

746 - قطار هم سریع و هم ارزان است.
{قطار هم سریعو هم ارزونه}

가타르 함 싸리오 함 아르주네

747. 역은 얼마나 멉니까? 멀지 않습니다.

747 - ایستگاه چقدر دور است؟ دور نیست.
{ایستگا چقد دوره؟ دور نیس}

이스트거 체가드르 두레? 두르 니쓰

748. 이 차는 가즈빈에 갑니까?

748 - آیا این ماشین به قزوین می رود؟
{این ماشین به قزوین میره؟}

인 머쉰 베 가즈빈 미레?

749. 마쉬하드행 차는 몇시에 출발합니까?

749 - ماشین مشهد چه ساعتی حرکت می کند؟
{ماشین مشد چه ساعتی حرکت میکنه؟}

머쉬네 마샤드 체 써아티 하라캬트 미코네?

750. 몇시에 차가 쉬러즈에 도착합니까?

750 - ماشین ساعت چند به شیراز می رسد؟
{ماشین ساعت چند به شیراز میرسه؟}

머쉰 써아테 찬드 베 쉬러즈 미레쎄?

751. 나는 짐칸에 두개의 트렁크가 있습니다.

751 - من دو چمدان را در باربند گذاشته ام.
{من دو تا چمدونو تو باربند گذاشتم}
만 도 터 차마두노 투 버르반드 고저쉬탐

752. 운전사에게 나를 위해 자동차를 준비하도록 이르십시오.

752 - به آقای راننده بگویید که آمادهٔ حرکت شود.
{به راننده بگین آماده ی حرکت بشه}
베 러난데 베긴 어머데예 하라캬트 베쉐

753. 나를 이 주소로 데려다 달라고 말하세요.

753 - بگویید مرا به این آدرس ببرد.
{بگین منو به این آدرس ببره}
베긴 마노 베 인 어드레쓰 베바레

754. 사고가 나서 나는 좀더 일찍 도착하지 못했습니다.

754 - بخاطر تصادف زودتر از این نتوانستم برسم.
{بخاطر تصادف زودتر از این نتونستم برسم}
베 커테레 타써도프 주드타르 아즈 인 나투네스탐 베라쌈

755. 이 차는 느립니다.

755 - این ماشین آهسته می رود.
{این ماشین آهسته میره}
인 머쉰 어헤스테 미레

756. 이 길은 부두까지 이릅니다.

756- این راه ورودی به بندر می باشد.
{این راه ورودی به بندره}
인 러흐 보루디 베 반다레

757. 차를 빨리 운전하세요.

757- سریعتر رانندگی کنید.{سریعتر رانندگی کنین}
싸리으타르 런난데기 코닌

758. 이 버스는 사람이 가득 찼습니다.

758- این اتوبوس پراز مسافر است.
{این اتوبوس پراز مسافره}
인 오토부쓰 포르 아즈 모써훼레

759. 차가 뒤집어졌습니다.

759- ماشین واژگون شد. ماشین چپه شد.
머쉰 버제군 쇼드. 머쉰 차페 쇼드

760. 당신 차 타이어에 바람이 빠졌습니다.

760- لاستیک ماشین شما کم باد است.
لاستیک ماشین شما باد ندارد.
{لاستیک ماشین شما کم باده. لاستیک ماشین شما باد نداره}
러쓰티케 머쉬네 쇼머 캄 버데. 러쓰티케 머쉬네 쇼머 버드 나더레

761. 버스를 놓쳤습니다.

761- از اتوبوس عقب ماندم. از اتوبوس جا ماندم.
{از اتوبوس عقب موندم. از اتوبوس جا موندم}
아즈 오토부쓰 아갑 문담. 아즈 오토부쓰 저 문담

762. 차 바퀴는 터졌습니다.

762 - لاستیک پنچر شد. چرخ پنچر شد.

러쓰티크 판차르 쇼드. 차르크 판차르 쇼드

763. 자동차 사고가 났습니다.

763 - تصادف شد.

타써도프 쇼드

764. 이 차는 임대할 수 있습니까?

764 - این ماشین کرایه ای است؟{این ماشین کرایه ایه؟}

인 머쉰 케러예이에?

765. 이 차는 임대하지 않습니다.

765 - نخیر، این ماشین کرایه ای نیست.
{نخیر، این ماشین کرایه ای نیس}

나케이르, 인 머쉰 케러예이 니쓰

766. 그 차는 전속력으로 달립니다.

766 - آن ماشین با حد اکثرسرعت می رود.
{اون ماشین با حداکثر سرعت میره}

운 머쉰 버 한데 아크싸레 쏘르아트 미레

767. 두 차는 서로 부딪쳤습니다.

767 - دو ماشین با هم برخورد کردند.
{دو ماشین باهم برخورد کردن}

도 머쉰 버함 바르코르드 캬르단

768. 내가 서명해야 합니까?

768 - آیا من باید امضا کنم؟ {باید امضا کنم؟}

버야드 엠저 코남?

769. 나는 언제 머헌기가 이맘 호메이니공항에 도착할지 모릅니다.

769 - نمی دانم که هواپیمای ماهان چه زمان در فرودگاه امام خمینی می نشیند.
{نمیدونم هواپیمای ماهان کی در فرودگاه امام خمینی میشینه}

네미 두남 하버페이머예 머헌 케이 다르 훠르드거헤 에멈 호메이니 미쉬네

770. 이 배는 평균 속도로 달립니다. 매일 300마일씩 입니다.

770 - این کشتی با سرعت ثابت در حرکت است. سیصد مایل در ساعت حرکت می کند.
{این کشتی با سرعت ثابت در حرکته. سیصد مایل در ساعت حرکت میکنه}

인 케쉬티 버 쏘르아테 써베트 다르 하라캬테. 씨싸드 머일 다르 써아트 하라캬트 미코네

771. 우리의 짐을 여기서 조사해야 합니까?

771 - آیا چمدان ما را در اینجا بازرسی می کنند؟
{اینجا چمدون ما رو بازرسی میکنن؟}

인저 차마두네 머로 버즈라씨 미코난?

772. 언제 세관에서 우리의 가방을 검사합니까?

772- چه موقع در گمرک چمدان ما را بازرسی می کنند؟ {کی در گمرک چمدون مارو بازرسی میکنن؟}

케이 다르 곰러크 차마두네 머로 버즈라씨 미코난?

4. 숙박(호텔, 레스토랑)

○ 기본단어

호텔(호텔)
هتل

욕실(함뭄)
حمّام {حموم}

아래층(타바게예 퍼인)
طبقهٔ پایین

침대(타크테 컵)
تخت خواب

에스컬레이터(펠레 바르기)
پله برقی

매표소, 창구(기쉐)
گیشه

팁(안엄)
انعام

잠옷(레버쎄 컵)
لباس خواب

식탁(미제 너허르코리)
میز ناهارخوری

웨이터(피쉬케드마트)
پیشخدمت

침실(오터게 컵)
اتاق خواب

엘리베이터(어썬쑤르, 벌러바르)
آسانسور. بالابر

더블침대(타크테 커베 도 나화레)
تخت خواب دو نفره

에어컨(쿨레르)
کولر

탈의실(오터게 페로브)
اتاق پرو

냉수(어베 코나크)
آب خنک

슬리퍼(담퍼이)
دمپایی

점심식사(너허르)
ناهار

숙박

스프(쑵)
سوپ
과자(쉬리니)
شیرینی
맥주(어베조)
آبجو
계산하다(헤쌉 캬르단)
حساب کردن
쓰다(탈케)
تلخ است {تلخه}
침대시트(말러훼)
ملافه
한국음식(가저예 코레이)
غذای کره ای
작은 탁자
(미제 쿠치크. 아쌀리)
میز کوچک {میزکوچیک}. عسلی
신문(루즈너메)
روزنامه
담요(파투)
پتو
음식점(레스투런)
رستوران
로비(러비)
لابی

빵(눈)
نان {نون}
커피(가흐베)
قهوه
얼음(야크)
یخ
달다(쉬리네)
شیرین است {شیرینه}
2층(타바게예 도봄)
طبقهٔ دوّم
이란음식(가저예 이루니)
غذای ایرانی {غذای ایرونی}
락커(싼두그)
صندوق
큰 침대(타크테 커베 보조르그, 타크테 커베 킹그 써이즈)
تخت خواب بزرگ.
تخت خواب کینگ سایز
끓인물(어베 주쉬)
آب جوش
거울(어예네)
آینه
화장실(다스트슈이 토얼레트.모스타라ح)
دستشویی. توالت. مستراح
카운터(피쉬쿤)
پیشخوان {پیشخون}

관리인, 지배인 (모디레 게쓰마테 에더리)	도어맨 (다르분)
مدیر قسمت اداری	دربان {دربون}
아침식사 (쏩허네)	밥 (첼로)
صبحانه	چلو
아이스크림 (바스타니)	메뉴 (쑤라테 가저. 메누)
بستنی	صورت غذا. منو
맛있다 (코쉬마자쓰)	맵다 (톤데)
خوشمزه است {خوشمزَس}	تند است {تنده}
짜다 (슈레)	시다 (토루쉐)
شور است {شوره}	ترش است {ترشه}
담배 (씨거르)	라이터 (환다크)
سیگار	فندک
소금 (나마크)	소스 (처쉬니. 쏘쓰)
نمک	چاشنی. سس
저녁식사 (섐)	프랑스음식 (가저예 화런싸비)
شام	غذای فرانسوی
서양음식 (가저예 가르비)	과일 (미베)
غذای غربی	میوه
고추 (휄휄 게르메즈)	버터 (캬레)
فلفل قرمز	کره
나이프 (처구. 커르드)	스푼 (거쇼그)
چاقو. کارد	قاشق
성냥 (케브리트)	가루설탕 (쉐캬르)
کبریت	شکر
간장 (쏘쎄 쏘여)	후추 (휄휄 씨어흐)
سوس سویا	فلفل سیاه

숙박

식초(쎄르케) سرکه	생강(잔제빌. 잔제휠) زنجبیل. زنجفیل
포크(창걸) چنگال	젓가락(추바케 가저코리 첩에쓰티크) چوبک غذاخوری. چاپ استیک
마늘(씨르) سیر	맛이 없다(비 마자쓰) بی مزه است {بی مزس}
싱겁다(캄 나마케. 비 나마케) کم نمک است {کم نمکه}. بی نمک است {بی نمکه}	재털이(저 씨거리) جا سیگاری
마요네즈(쏘쎄 마요네즈) سس مایونز	토마토케찹(쏘쎄 고제화랑기) سس گوجه فرنگی
토마토 페이스트 (로베 고제 화랑기) رب گوجه فرنگی	석류 페이스트 (로베 아너르) رب انار

773. 나에게 이 방은 너무 작습니다.

773- این اتاق برای من خیلی کوچک است.
{این اتاق برام خیلی کوچیکه}

인 오터그 바럼 케일리 쿠치케

774. 보다 나은 방을 나에게 보여주세요.

774- لطفاً بهترین اطاق را نشان بدهید.
{لطفن بهترین اتاقو نشون بدین}

로트환 베흐타린 오터고 네슌 베딘

775. 나는 이 방을 갖겠습니다.

775 - من این اتاق را انتخاب می کنم.
{من این اتاقو انتخاب میکنم}

만 인 오터고 엔테컵 미코남

776. 내 방을 정리해 주십시오.

776 - اتاقم را مرتب کنید. {اتاقمو مرتب کنین}

오터가모 모라탑 코닌

777. 여기는 빈 방이 없습니다.

777 - اطاق خالی نداریم. {اطاق خالی نداریم}

오터게 컬리 나더림

778. 당신은 여전히 그 호텔에 머물고 계시지요?

778 - شما هنوز در آن هتل اقامت دارید؟
{شما هنوز دراون هتل اقامت دارین؟}

쇼머 하누즈 다르 운 호텔 에거마트 더린?

779. 내 옷에 솔질을 해 주세요.

779 - لباسم را با ماهوت پاک کن تمیز کنید. لباسم را برس بکشید.
{لباسمو با ماهوت پاک کن تمیز کنین. لباسمو برس بکشین}

레버싸모 버 머후트퍼크콘 타미즈 코닌. 레버싸모 보레쓰 베케쉰

780. 내가 있는 호텔은 시내 중심에 있습니다.

780 - هتل من در مرکز شهر واقع شده است.
{هتلم در مرکزشر واقع شده}

호텔람 다르 마르캬제 쇠르 버게 쇼데

781. 나는 호텔로 돌아갈 예정입니다.

781 - من قرار است به هتل برگردم.
{من قراره به هتل برگردم}

만 가러레 베 호텔 바르갸르담

782. 보이에게 말하여 보충침대를 가져오라고 하세요.

782 - به پیشخدمت بگویید تخت خواب اضافی را بیاورد.
{به پیشخدمت بگین تختخواب اضافی رو بیاره}

베 피쉬케드마트 베긴 타크테커베 에저피로 비어레

783. 나는 이 여관에 머물 생각이 없습니다.

783 - من نمی خواهم در این مهمانسرا اقامت کنم.
من نمی خواهم در این مسافرخانه اقامت کنم.
{من نمیخوام تو این مهمونسرا اقامت کنم. من نمیخوام
تو این مسافرخونه اقامت کنم}

만 네미컴 투 인 메흐문싸러 에거마트 코남. 만 네미컴 투 인 모써페르쿠네 에거마트 코남

784. 나를 위해 짐을 챙겨 주세요.

784 - بارهای مرا ببندید. {بارای منو ببندین}

버러예 마노 베반딘

785. 우리는 어느 호텔에 머무릅니까?

785 - ما در کدام هتل اقامت می کنیم؟
{تو کدوم هتل اقامت میکنیم؟}

투 코둠 호텔 에거마트 미코님?

786. 이 방 안으로 나의 짐을 가져다 주세요.

786 - لطفاً بارهای مرا به این اتاق بیاورید.
{لطفن بارای منو به این اتاق بیارین}

로트환 버러예 마노 베 인 오터그 비어린

숙박

787. 나는 단지 하룻밤만 그 호텔에 머물렀습니다.

787 - من فقط یک شب در آن هتل اقامت کردم.
{من فقط یه شب تو اون هتل اقامت کردم}

만 화가트 예 샵 투 운 호텔 에거마트 캬르담

☞? 이란을 여행할 때는 그 지역마다 최고급 호텔부터 다양한 형태의 숙박시설이 있다. 그 중에서도 비용이 저렴하고 특징적인 분위기를 느끼려면 '메흐먼싸러(즉, 손님을 위한 집이란 의미)'라는 여관을 정하는 것이 좋다.

☞? 古都를 가면 전통찻집(즉, 처이 커네)이 있는데, 수초(물담배)와 이란식 홍차를 판다. 가격도 저렴하고 가장 이란적인 맛을 느낄 수 있다.

788. 나는 늦게 잠자러 갑니다.

788 - من دیر می خوابم. {من دیر میخوابم}

만 디르 미커밤

789. 나는 이 옷을 갈아입어야만 합니다.

789 - من باید این لباس را عوض کنم.
{من باید این لباسو عوض کنم}

만 버야드 인 레버쏘 아바즈 코남

790. 7시에 나를 깨우는 것을 잊지마세요.

790 - فراموش نکنید مرا ساعت هفت بیدار کنید.
{فراموش نکنین منو ساعت هف بیدار کنین}

화러무쉬 나코닌 마노 써아테 하프 비더르 코닌

791. 나의 짐을 호텔로 옮겨 주세요.

791 - بار های مرا به هتل ببرید.
{بارای منو به هتل ببرین}

버러예 마노 베 호텔 베바린

792. 내 짐은 역에 있습니다.

792 - چمدان من در ایستگاه است. {چمدونم تو ایستگاس}

차마두남 투 이스트거 아쓰

793. 이 짐은 너무 무겁습니다.

793 - این بار خیلی سنگین است.
{این بار خیلی سنگینه}

인 버르 케일리 쌍기네

794. 당신은 아직까지 호텔에 있지요?

794 - هنوز در هتل هستید؟ {هنوز تو هتل هستین؟}

하누즈 투 호텔 하쓰틴?

795. 당신은 나에게 에스테그랄 호텔이 어디에 있는지 알려 주실 수 있습니까?

795 - ببخشید هتل استقلال کجاست؟
{ببخشین هتل استقلال کجاس؟}

베바크쉰 호텔레 에스테그랄 코저쓰?

796. 어디에 좋은 호텔이 있습니까?

796 - هتل خوب سراغ دارید؟ {هتل خوب سراغ دارین؟}

호텔레 쿱 쏘러그 더린?

797. 나는 이 호텔에 머물 것입니다.

797 - من در این هتل خواهم ماند.
{من تو این هتل میمونم}

만 투 인 호텔 미무남

798. 나의 트렁크를 잠궈주세요.

798 - چمدانم را قفل کنید. {چمدونمو قفل کنین}

차마둔모 고플 코닌

799. 우리는 짐이 어디에 있는지 조사해 보도록 해야할 것입니다.

799 - باید ببینیم بار هایمان کجاست.
{باید ببینیم بارامون کجاس}

버야드 베비님 버러문 코저쓰?

숙박

800. 우리는 여름 내내 여기서 머물 것입니다.

800- ما تمام تابستان در اینجا خواهیم ماند.
{ما تموم تابستون اینجا میمونیم}
머 타무메 터베스툰 인저 미무님

801. 당신은 이 도시에서 얼마나 머무르실 것입니까?

801- شما چند وقت در این شهر اقامت خواهید کرد؟
{شما چند وقت تو این شر اقامت میکنین؟}
쇼머 찬드 바그트 투 인 쇼르 에거마트 미코닌?

802. 나는 따로 욕실이 붙어있는 넓은 방 한칸을 원합니다.

802- من یک اتاق بزرگ حمّام دار می خواهم.
{من یه اتاق بزرگ حموم دار میخام}
만 예 오터게 보조르게 함뭄더르 미컴

803. 나는 짐을 챙겨야 합니다.

803- من باید بارها را ببندم. {من باید بارارو ببندم}
만 버야드 버러로 베반담

804. 이 베개는 너무 딱딱합니다. 좀 더 푹신한 것으로 주세요.

804- این متکا خیلی سفت است. متکای نرمتری را بدهید. {این متکا خیلی سفته. متکای نرمتری بدین}
인 모타커 케일리 쎄프테. 모타커예 나르므타리 베딘

숙
박

805. 이 방은 몇호입니까?

805- شمارهٔ این اتاق چند است؟
{شماره ی این اتاق چنده؟}

쇼머레예 인 오터그 찬데?

806. 내 방은 708호입니다.

806- شمارهٔ اتاقم هفت صد و هشت است.
{شمارهٔ اتاقم هفتصد و هشته}

쇼머레예 오터감 하프트싸도 하쉬테

807. 여기서 목욕을 합니까?

807- آیا در اینجا حمّام می گیرید؟
{اینجا حموم میگیرین؟}

인저 함몸 미기린?

808. 나는 목욕하기를 원합니다.

808- من می خواهم حمام بگیرم.
{من میخام حموم بگیرم}

만 미컴 함몸 베기람

809. 나는 밤새 깨어 있었습니다.

809- من تمام شب را بیدار بودم.
{من تموم شبو بیدار بودم}

만 타무메 쇼보 비더르 부담

810. 어떤 호텔이 테헤란에서 가장 좋습니까?

810- بهترین هتل در تهران کجاست؟
{بهترین هتل تهرون کجاس؟}

베흐타린 호텔 테흐룬 코저쓰?

811. 엥겔럽 호텔이 가장 좋습니다.

811- هتل انقلاب بهترین هتل است.
{هتل انقلاب بهترین هتله}

호텔레 엥겔럽 베흐타린 호텔레

812. 나는 먼저 지불하겠습니다.

812- من اوّل حساب می کنم. {من اوّل حساب میکنم}

만 아발 헤쌉 미코남

813. 오늘밤 우리가 머물 곳이 어디 있을까요?

813- امشب در کجا اقامت خواهیم کرد؟
{امشب کجا میمونیم؟}

엠솹 코저 미무님?

814. 큰 트렁크를 제외한 나의 모든 짐을 나에게 갖다 주세요.

814- غیر از چمدان بزرگ، بقیه بارهایم را بیاورید.
{غیر از چمدون بزرگ بقیه بارامو بیارین}

게이르 아즈 차마두네 보조르그, 바기예에 버러모 비어린

815. 나는 저번주 일요일부터 이 호텔에 머물렀습니다.

815- من از یکشنبه هفته گذشته در این هتل اقامت کرده ام.
{من از یکشمبه هفته گذشته تو این هتل اقامت کردم}

만 아즈 예샴베에 하프테에 고자쉬테 투 인 호텔 에거바트 캬르담

816. 나에게 모자와 신발을 가져다 줘요.

816- کلاه و کفشم را بیاورید. {کلاهو کفشمو بیارین}

콜러호 캬푸쇼모 비어린

817. 이것을 역까지 가져다 주세요.

817- این را به ایستگاه ببرید. {اینو به ایستگا ببرین}

이노 베 이스트거 베바린

818. 나에게 몇개의 봉투 좀 가져다 주세요.

818- به من چند تا پاکت بدهید.
{به من چند تا پاکت بدین}

베 만 찬드 터 퍼케트 베딘

819. 럴레 호텔로 나의 짐을 보내주세요.

819- بارهای من را به هتل لاله بفرستید.
{بارای منو به هتل لاله بفرستین}

버러예 마노 베 호텔레 럴레 베훼레스틴

820. 나의 호텔은 길모퉁이에 있습니다.

820- هتل من در نبش خیابان واقع شده است.
{هتل من نبش خیابون واقع شده. هتل من نبش خیابونه}

호텔레 만 나브쉐 키어분 버게 쇼데. 호텔레 만 나부쉐 키어부네

821. 그것을 싸 주십시오.

821- آن را ببندید. {اونو ببندین}

우노 베반딘

822. 나는 프랑스 음식이 먹고 싶습니다.

822 - هوس غذای فرانسوی کرده ام.
{هوس غذای فرانسوی کردم}

하바쎄 가저예 화런싸비 캬르담

823. 우리 지금 밥을 먹읍시다.

823 - الان غذا بخوریم.

알런 가저 보코림

824. 우리 먹으러 갑시다.

824 - برویم غذا بخوریم. {بریم غذا بخوریم}

베림 가저 보코림

825. 나는 더 먹고 싶지 않습니다.

825 - من دیگر میل ندارم. {من دیگه میل ندارم}

만 디게 메일 나더람

826. 당신은 배가 고프십니까?

826 - آیا شما گرسنه هستید؟ {گشنتونه؟}

고쉬나투네?

827. 이 음식은 아주 매워요.

827 - این غذا خیلی تند است. {این غذا خیلی تنده}

인 가저 케일리 톤데

828. 이 식품은 나쁩니다.

828 - این غذا برای بدن مضر است.
{این غذا برا بدن مضره}

인 가저 바러 바단 모제레

829. 이 컵에 홍차를 더 따르세요.

829 - در این استکان بیشتر چای بریزید.
لطفاً کمی بیشتر چای بریزید.
{تو این استکون بیشتر چای بریزین. لطفن کمی بیشتر چای بریزین}

투 인 에스테컨 비쉬타르 처이 베리진. 로트환 캬미 비쉬타르 처이 베리진

830. 물이 충분하지 않습니다.

830 - آب کافی نیست. {آب کافی نیس}

업 커피 니쓰

831. 당신은 빵이 충분합니까?

831 - نان کم ندارید؟. نان لازم ندارید؟
{نون کم ندارین؟. نون لازم ندارین؟}

눈 캄 나더린? 눈 러젬 나더린?

832. 예, 나는 충분합니다.

832 - نه. کم نداریم. لازم نداریم.

나, 캄 나더림. 러젬 나더림

833. 이거면 충분합니다.

833 - این کافی است. {این کافیه}

인 커피 예

834. 당신은 젓가락을 사용할 줄 아십니까?

834 - آیا بلدید از چوبک غذاخوری استفاده کنید؟
{بلدین از چوبک غذاخوری استفاده کنین؟}

발라딘 아즈 추바케 가저코리 에스테훠데 코닌?

835. 당신은 서양음식을 요리할 줄 아십니까?

835- آیا می توانید غذای فرنگی را بپزید؟
{میتونین غذای فرنگی بپزین؟}

미투닌 가저예 화랑기 베파진?

836. 당신은 식대를 포함한 숙박비로 100달러를 내야합니다.

836- هزینه هتل و غذای شما صد دلار می باشد.
{هزینه هتلو غذای شما صد دلاره}

하지네예 호텔로 가저예 쇼머 싸드 돌러레

837. 주 요리는 스테이크입니다.

837- غذای اصلی بیفتک است. غذای اصلی استیک است. {غذای اصلی بیفتکه. غذای اصلی استیکه}

가저예 아쓸리 비프타케. 가저에 아쓸리 에쓰티케

838. 삼키기 전에 음식을 씹으세요.

838- قبل از قورت دادن غذا را خوب بجوید.
{قبل از قورت دادن غذارو خوب بجُوین}

가불 아즈 구르트 더단 가저로 쿱 베조인

839. 이 음식은 싱겁습니다.

839- این غذا کم نمک است.{این غذا کم نمکه}

인 가저 캄 나마케

840. 나는 배가 부르도록 먹었습니다.

840- من سیر سیر هستم. من کاملاً سیر هستم. من دیگر جا ندارم.
{سیر سیرم. کاملن سیرم. دیگه جا ندارم}

씨레 씨람. 커멜란 씨람. 디게 저 나더람

841. 몇가지 이란음식은 나에게 맞지 않습니다.
841- چند تا از غذاهای ایرانی باب میل من نیستند.
{چند تا از غذاهای ایرونی باب میلم نیستن}
찬드 터 아즈 가저허예 이루니 버베 메일람 니쓰탄

842. 당신은 매우 많이 먹습니다.
842- شما پرخوری می کنید. {شما پرخوری میکنین}
쇼머 포르코르 미코닌

843. 나는 아침에 커피를 마시는 습관이 있습니다.
843- من عادت دارم که صبح ها قهوه بخورم.
{من عادت دارم صبا قهوه بخورم}
만 어다트 더람 쏘버 가흐베 보코람

844. 이 빵에 이란식 치즈를 조금 바릅시다.
844- پنیر ایرانی را روی نان بمالید.
{پنیر ایرونی رو رو نون بمالین}
파니레 이루니로 루 눈 베멀린

845. 당신은 양고기를 좋아하십니까?
845- آیا شما گوشت گوسفند دوست دارید؟
{گوشت گوسفند دوس دارین؟}
구쉬테 구쓰環드 두쓰 더린?

846. 이 고기는 아직 설었습니다.
846- این گوشت هنوز نپخته است.
{این گوشت هنوز نپخته اس}
인 구쉬트 하누즈 나포크테 아쓰

847. 이것은 내가 좋아하는 음식입니다.

847- این غذای مورد علاقه من است.
{این غذای مورد علاقه منه}

인 가저예 모레데 알라게예 마네

848. 이 컵을 좀 헹궈주십시오.

848- این لیوان را بشویید. {این لیوانو بشورین}

인 리버노 베쉬린

849. 이 음식은 좋습니다.

849- این غذا خوب است. {این غذا خوبه}

인 가저 쿠베

850. 내 친구가 내 대신 돈을 계산합니다.

850- دوست من به جای من حساب می کند.
{دوستم بجای من حساب میکنه}

두스탐 베 저예 만 헤썹 미코네

☞? 이란의 전통음식인 '업구쉬트'는 식사 방법과 맛이 전통적이라 외국인들은 시식해 보는 것이 좋다. 시식방법은 우선 음식의 덩이를 빈 그릇에 담고 손방아로 덩이를 갈아 그 안에 국물을 붓는다. 그 후 식성에 따라 이란식 빵을 적당한 크기로 잘라 국물에 담았다가 반찬과 야채와 함께 먹는다.

5 관광

🔵 기본단어

고적(에머라트허예 가디미)
عمارت های قدیمی

풍경(만자레)
منظره

택시(턱씨)
تاکسی

오토바이(모토르씨클레트)
موتورسیکلت

매표원(벨리트 휘루쉬)
بلیط فروش

동물원(버게 바흐쉬)
باغ وحش

운전사(러난데)
راننده

박물관(무제)
موزه

통역자(모타르제메 함자분)
مترجم همزبان{مترجم همزبون}

영화관(씨네머)
سینما

묘(가브르. 어룸거흐. 구르)
قبر. آرامگاه{آرومگا}. گور

도서관(케텁쿠네)
کتابخانه{کتابخونه}

자전거(도차르케)
دوچرخه

안내원(러흐나머)
راهنما

구경하다(타머셔 캬르단)
تماشا کردن

공중화장실(토얼레테 오무미)
توالت عمومی

버스터미날(테르미널레 오토부쓰)
ترمینال اتوبوس

시내(마르캬제 쇼르)
مرکز شهر {مرکز شر}

사원(마쓰제드)
مسجد

버스정류장(이스트거헤 오토부쓰)

181 • 이란어회화

سینما	ایستگاه اتوبوس
관광버스(오토부쎄 자헌갸르디)	고적지(아머캬네 터리키)
اتوبوس جهانگردی	اماکن تاریخی
역(이스트거)	교회(켈리써)
ایستگاه{ایستگا}	کلیسا
은행(번크)	대사관(쎄훼라트쿠네)
بانک	سفارتخانه{سفارتخونه}
공원(퍼르크)	노점상(다케)
پارک	دکه

851. 당신은 쉬러즈에 몇번 머문적이 있습니까?

851 - شما چند بار به شیراز رفته اید؟
{چند بار به شیراز رفتین؟}

찬드 버르 베 쉬러즈 라프틴?

852. 오늘 나는 어쩔 수 없이 테헤란을 떠나야 합니다.

852 - امروز ناچارم تهران را ترک کنم.
{امروزناچارم تهرونو ترک کنم}

엠루즈 너처람 테흐루노 타르크 코남

853. 나는 피곤하기 때문에 시내에 나가지 않습니다.

853 - من نمی توانم از خستگی زیاد به مرکز شهر بروم.
{من نمیتونم از خستگی زیاد به مرکزشربرم}

만 네미투남 아즈 카스테기에 지여드 베 마르캬제 쇼르 베람

854. 비가 오기 때문에 시내에 가지 않습니다.

854- بخاطر باران باريدن به مركزشهر نمی روم.
{بخاطر بارون باريدن به مركز شر نميرم}

베커테레 버룬 버리단 베 마르캬제 쇼르 네미람

855. 당신 덕에 내가 테헤란에 머물고 있던 동안 매우 즐거웠습니다.

855- به لطفشما درمدتاقامت در تهران به من خيلی خوش گذشت. {به لطف شما درمدت اقامت درتهرون به من خيلی خوش گذشت}

베 로트페 쇼머 다르 모다테 에거마트 다르 테흐룬 베 만 케일리 코쉬 고자쉬트

856. 나는 이란 사람의 따뜻한 성격에 매우 감탄합니다.

856- مهمان نوازی ايرانی ها قابل تحسين است.
{مهمون نوازی ايرانی ها قابل تحسينه}

메흐먼나버지예 이루니허 거벨레 타흐씨네

857. 이 그림들은 매우 아름답습니다.

857- اين نقاشيها خيلی زيبا هستند.
{اين نقاشيها خيلی زيبان}

인 나거쉬허 케일리 지번

858. 겨울에 다마반드산을 오를 수 있습니까?

858- آيا در زمستان می شود به قله دماوند صعود كرد؟
{تو زمستون ميشه به قله دماوند صعود كرد؟}

투 제메스툰 미쉐 베 골레예 다머반드 쏘우드 캬르드?

859. 아니요, 할 수 없습니다.

859- نخیر، امکان ندارد. {نخیر، امکان نداره}

나케이르, 엠컨 나더레

860. 당신은 보입니까?

860- آیا شما می بینید؟ {آیا شما میبینین؟}

어여 쇼머 미비닌?

861. 예, 나는 보입니다.

861- بله، می بینم.

발레, 미비남

862. 당신은 무엇이 보입니까?

862- شما چه می بینید؟ {چی میبینین؟}

치 미비닌?

863. 나는 아무것도 보이지 않습니다.

863- من هیچ چیز را نمی بینم. {هیچ چیزو نمیبینم}

히치 치조 네미비남

864. 나는 그것을 본 적이 없습니다.

864- من آن را ندیده بودم. {من اونو ندیده بودم}

만 우노 나디데 부담

865. 우리 가서 봅시다.

865- برویم ببینیم. {بریم ببینیم}

베림 베비님

866. 이 도시에는 인구가 얼마나 됩니까?

866- جمعیت این شهر چقدر است؟. این شهر چقدر جمعیت دارد؟

{جمعیت این شر چقدره؟. این شر چقدر جمعیت داره؟}

잠미야테 인 쇠르 체가드레?. 인 쇠르 체가드르 잠미야트 더레?

867. 나는 한발자국도 내디딜 수 없을 정도로 피곤합니다.

867- من آنقدر خسته ام که حتی یک قدم هم نمی توانم بردارم.
من نای قدم زدن را ندارم.

{من اونقد خستم که حتّا یه قدم هم نمیتونم بردارم.
من نای قدم زدنو ندارم}

만 운가드 카스탐 케 핱터 예 가담 함 네미투남 바르더람.
만 너예 가담 자다노 나더람

868. 이 교회는 매우 오래되었습니다.

868- این کلیسا خیلی قدیمی است.

{این کلیسا خیلی قدیمیه}

인 켈리써 케일리 가디미예

869. 나는 안내하는 사람이 필요합니다.

869- من به راهنما احتیاج دارم.

만 베 러흐나머 에흐티어즈 더람

870. 내가 길을 알려드리겠습니다.

870- من به شما راه را نشان می دهم.
{من به شما راهو نشون میدم}

만 베 쇼머 러호 네슌 미담

871. 우리 다른 곳으로 갑시다.

871- به جای دیگر برویم. {به جای دیگه بریم}

베 저예 디게 베림

872. 이 자리에 앉을 사람이 있습니까?

872- آیا اینجا جای کسی است؟{آیا اینجا جای کسیه؟}

어여 인저 저예 캬씨예?

873. 실례하지만 여기는 제자리입니다.

873- ببخشید اینجا جای من است.
{ببخشین اینجا جای منه}

베바크쉰 인저 저예 마네

874. 저를 위해 이 자리 좀 지켜주세요.

874- لطفاً جای مرا نگاه دارید.
{لطفن جای منو نگه دارین}

로트환 저예 마노 네갸흐 더린

875. 이 자리는 비었습니까?

875- آیا اینجا خالی است؟{آیا اینجا خالیه؟}

어여 인저 컬리예?

876. 나는 앉을 자리를 예약하고 싶습니다.

876- می خواهم جای خالی رزرو کنم.
{میخوام جای خالی رزرو کنم}

미컴 저예 컬리 레제르브 코남

877. 두 자리를 예약해 주세요.

877- دو میز 8 را رزرو کنید. دو صندلی 9 را رزرو کنید.
{دو میزو رزرو کنین. دو صندلیو رزرو کنین}

도 미조 레제르브 코닌. 도 싼달리요 레제르브 코닌

878. 이 사원은 명성이 있습니다.

878- این مسجد معروف است.
{این مسجد معروفه}

인 마쓰제드 마아루훼

879. 나는 유럽 여행을 위해 돈을 저축하고 있습니다.

879- من برای سفر به اروپا پس انداز می کنم.
{برا سفر به اروپا پس انداز میکنم}

바러 싸화르 베 우루퍼 파쓰안더즈 미코남

880. 꽤 아름답군요. 한라산은 한국의 가장 아름다운 산입니다.

880- خیلی زیبا است. کوه هن لا زیباترین کوه کره است.

---
[8] 식당일 경우 사용.
[9] 극장일 경우 사용.

{خیلی زیباس. کوه هن لا زیباترین کوه کره اس}
케일리 지버쓰. 쿠헤 한러 지버타린 쿠헤 코레 아쓰

881. 영화는 언제 시작됩니까?

881- فیلم چه موقع شروع می شود؟
{فیلم کی شروع میشه؟}

필름 케이 쇼루그 미쉐?

882. 영화가 이미 시작했습니다.

882- فیلم شروع شده است. {فیلم شروع شده}

필름 쇼루그 쇼데

883. 나는 어제 테헤란에 도착했습니다.

883- من دیروز به تهران رسیدم.
{من دیروز به تهرون رسیدم}

만 디루즈 베 테흐룬 레씨담

884. 언제 당신은 에스화헌에 갈겁니까?

884- کی به اصفهان می روید؟
{کی به اصفهان میرین؟}

케이 베 에스화헌 미린?

885. 나는 다음주에 그곳에 갈겁니다.

885- من هفته آینده به آنجا می روم.
{من هفته آینده به اونجا میرم}

만 하프테예 어얀데 베 운저 미람

886. 나는 마쉬하드에 가고 싶습니다.

‫886- می خواهم به مشهد بروم. دلم می خواهد به مشهد بروم.‬

‫{میخوام به مشد برم. دلم میخاد به مشد برم}‬

미컴 베 마샤드 베람. 델람 미커드 베 마샤드 베람

887. 나는 유럽으로 가기로 결정했습니다.

‫887- تصمیم گرفتم که به اروپا بروم.‬

‫{تصمیم گرفتم به اروپا برم}‬

타쓰밈 게레푸탐 베 우루퍼 베람

888. 우리는 출발일을 결정해야 합니다.

‫888- ما باید روز حرکت را معین کنیم.‬

‫{ما باید روز حرکت رو معین کنیم}‬

머 버야드 루제 하라캬트로 모아얀 코님

889. 최근에 이곳은 많이 변했습니다.

‫889- اخیراً اینجا خیلی تغییر کرده است.‬

‫{اخیرن اینجا خیلی تغییر کرده}‬

아키란 인저 케일리 타그이르 캬르데

890. 내일 비가 온다면, 우리는 어디에 가지요?

‫890- اگر فردا باران بیاید، به کجا می رویم؟‬

‫{اگه فردا بارون بیاد، کجا میریم؟}‬

아게 화르더 버룬 비어드, 코저 미림?

891. 당신은 곰에 자주 갑니까?

891- آیا اغلب به قم می روید؟
{آیا اغلب به قم میرین؟}

어여 아글랍 베 곰 미린?

892. 예, 나는 그곳에 자주 갑니다.

892- بله، می روم. {بله، میرم}

발레, 미람

893. 나는 길을 잃었습니다.

893- راه را گم کرده ام. {راهو گم کردم}

러호 곰 캬르담

894. 나는 시내 곳곳을 돌아다녔습니다.

894- من همه جای شهر را گشته ام.
{من همه جای شرو گشتم}

만 하메 저예 쇠로 갸쉬탐

895. 나는 프랑스에 갈 수 있기를 바랍니다.

895- امیدوارم که بتوانم به فرانسه بروم.
{امیدوارم بتونم به فرانسه برم}

오미드버람 베투남 베 화런쎄 베람

896. 나는 그곳에서 여러번 머물렀습니다.

896- من چندین دفعه در آنجا ماندم.
{من چندین دفه در اونجا موندم}

만 찬딘 다훼 운저 문담

897. 나의 가장 큰 바램은 남부지방을 방문하는 것입니다.

897 - بزرگترین خواستهٔ من این است که از قسمت جنوبی کشور بازدید بکنم. {بزرگترین خاستم اینه که از قسمت جنوبی کشور بازدید کنم}

보조르그타린 커스탐 이네 케 아즈 게스마테 조누비예 케 쉬바르 버즈디드 코남

898. 이번이 두번째로 내가 테헤란에 왔습니다.

898 - این دومین بار است که به تهران آمده ام. {این دومین باره که به تهرون اومدم}

인 도보민 버레 케 베 테흐룬 우마담

899. 그곳은 경치가 아름답습니다.

899 - منظره آنجا قشنگ است. {منظره اونجا قشنگه}

만자레예 운저 가샹게

900. 나는 그 이상한 풍속들을 좋아합니다.

900 - من سنتهای عجیب و غریب را دوست دارم. {من سنتای عجیبو غریبو دوس دارم}

만 쏜나터예 아지보 가리보 두쓰 더람

901. 그 광경은 나로 하여금 전신을 떨게 했습니다.

901 - از دیدن آن منظره بدنم لرزید. {از دیدن اون منظره بدنم لرزید}

아즈 디다네 운 만자레 바다남 라르지드

902. 우리 먼저 박물관을 가고 그 후에 공원을 갑시다.

902 - اوّل به موزه، بعد به پارک برویم.
{اول به موزه، بعد به پارک بریم}

아발 베 무제, 바드 베 퍼르크 베림

903. 이 철길을 따라 많은 집들이 있습니다.

903 - در کنار این خط راه آهن خانه های زیادی واقع شده است.
{در کنار این خط راه آهن خونه های زیادی واقع شده}

다르 케너레 인 카테 러흐어한 쿠네허예 지여디 버게 쇼데

904. 쉬러즈에 도착한 후에 우리는 에스화헌에 갈 것입니다.

904 - بعد از رسیدن به شیراز به اصفهان خواهیم رفت.
{بعد از رسیدن به شیراز به اصفهان میریم}

바드 아즈 레씨단 베 쉬러즈 베 에스화헌 미림

905. 이 지방에는 많은 명승지가 있습니다.

905 - در این استان اماکن معروف تاریخی زیاد وجود دارد.
{در این استان اماکن معروف تاریخی زیاد وجود داره}

다르 인 오스턴 아머케네 마아루페 터리키 지여드 보주드 더레

906. 나는 세계 일주여행을 하고 싶습니다.

906- من می خواهم به دور دنیا سفر کنم.
{میخوام به دور دنیا سفرکنم}

미컴 베 도우레 도니여 싸화르 코남

907. 당신은 아주 좋은 안내인입니다.

907- شما راهنمای خوبی هستید.
{شما راهنمای خوبی هستین}

쇼머 러흐나머예 쿠비 하쓰틴

☞ 이란에서 여행할 때 외국인들에게 반드시 필요한 것은 화장실용 휴지이다. 이란은 물이 휴지의 역할을 하기 때문에 각자가 준비해야 한다. 물론 고급호텔은 구비되어 있다.

6. 물건사기

🔵 기본단어

매매 (카리도 훠루쉬)
خرید و فروش

서점 (케텁 훠루쉬)
کتاب فروشی

바지 (샬버르)
شلوار

와이셔츠 (피러하네 마르더네)
پیراهن مردانه

넥타이핀 (싼저게 크러버트)
سنجاق کراوات

인형 (아루)
عروسک

와이셔츠가게 (피러한 훠루쉬)
پیراهن فروشی

치마 (더만)
دامن

벨트 (캬마르반드)
کمربند

다이아몬드 (알머쓰)

옷가게 (레버쓰 훠루쉬)
لباس فروشی

문구점 (라버제몰타흐리르 훠루쉬)
لوازم التحریرفروشی

비닐주머니 (키쎄예 너옐로니)
کیسۀ نایلونی

팔찌 (알랑구)
النگو

신발 (캬푸쉬)
کفش

면, 솜 (팜베)
پنبه

잡화상 (카러지)
خرازی

비옷 (버루니)
بارانی {بارونی}

귀걸이 (구쉬버레)
گوشواره

금 (탈러)

طلا	금색(탈러이) **طلایی**
흰(색)(쎄휘드. 쎄피드) **سفید. سپید**	긴(데러즈. 볼란드) **دراز. بلند**
갈색(가흐베이) **قهوه ای**	비싸다(게루네) **گران است {گرونه}**
두꺼운(콜로프트) **کلفت**	그는 값을 높게 부른다(우 게룬 훠루쉐) **او گران فروش است {او گرون فروشه}**
넥타이(크러버트) **کراوات**	
신발가게(캬훠쉬) **کفاشی**	상인(훠루샨데) **فروشنده**
팔목시계(써아테 모치) **ساعت مچی**	망토(멍토) **مانتو**10
루푸쉬(루푸쉬) **روپوش**11	마그나에(마그나에) **مقنعه**12
루싸리(루싸리) **روسری**13	차도르(처도르) **چادر**14
귀금속(자버헤러트) **جواهرات**	시계(써아트) **ساعت**
벽시계(써아테 디버리) **ساعت دیواری**	

	다이아몬드 **الماس**
	좋은(쿱) **خوب**

물건사기

---

10 여성의류로 망토모양의 옷.
11 여성의 긴 옷.
12 초. 중고등학생. 대학생. 여성공무원이 쓰는 이란식 머리수건.
13 스카프형식의 머리수건.
14 머리부터 발끝까지 쓰는 이란식 베일.

195 • 이란어회화

크기. 칫수(안더제) اندازه	염주(타쓰비흐) تسبیح
양말(주럽) جوراب	반지(할게) حلقه 15
반지(앙고쉬타르) انگشتر	실크(아브리) ابریشم
외투(코트) کت	꽃가게(골훠루쉬) گل فروشی
은(노그레) نقره	시계점(써아트훠루쉬) ساعت فروشی
옷(레버쓰) لباس	가게. 상점. 수퍼(쑤페르. 마거제. 도쿤. 박걸리) سوپر. مغازه. دگان{دکون}. بقالی
백화점(훠루쉬거) فروشگاه{فروشگا}	에메랄드(조모르드) زمرد
미운(제쉬트) زشت	검은(메쉬키. 씨어흐) مشکی. سیاه
녹색(싸브즈) سبز	싼(아르준) ارزان{ارزون}
짧은(쿠터) کوتاه	얇은(너조크) نازک
꽤(케일리) خیلی	할인하다(타크퓌프 더단) تخفیف دادن
그는 값을 깎는다(우 츄네 미자네) او چانه می زند {او چونه میزنه}	빨간(쏘르크. 게르메즈) سرخ. قرمز

---

[15] 결혼예물의 반지를 이름

자주색(제레쉬키)
زرشکی
회색(커케스타리. 투씨)
خاکستری. طوسی
흐린 색(랑게 로우샨)
رنگ روشن
숄(셜)
شال

감색(쏘르메이)
سرمه ای
진한 색(랑게 티레)
رنگ تیره
알록달록(랑거랑)
رنگارنگ

물건사기

908. 이것은 얼마입니까?

908- این چند است؟ {این چنده؟}

인 찬데?

909. 한 개에 얼마입니까?

909- دانه ای چند است؟ {دونه ای چنده؟}

두네이 찬데?

910. 당신은 돈을 얼마큼 갖고 있습니까?

910- شما چقدر پول دارید؟ {چقد پول دارین؟}

체가드 풀 더린?

911. 나에게 영수증을 발행해 주세요.

911- لطفاً فاکتور را به من بدهید.
{لطفن فاکتورو به من بدین}

로트환 홱토로 베만 베딘

912. 왜 당신은 그것을 사지 않습니까?

912 - چرا آن را نمی خرید؟{چرا اونو نمیخرین؟}

체러 우노 네미카린?

913. 나는 그것을 좋아하지 않습니다.

913 - من آن را دوست ندارم. {من اونو دوس ندارم}

만 우노 두쓰 나더람

914. 이 핀셋은 날카롭지 않습니다.

914 - این پنس تیز نیست.{این پنس تیز نیس}

인 판쓰 티즈 니쓰

915. 이 돈을 나눕시다.

915 - این پول را تقسیم کنیم. {این پولو تقسیم کنیم}

인 풀로 타그씸 코님

916. 당신은 돈이 얼마나 필요합니까?

916 - شما چقدر پول لازم دارید؟
{چقدر پول لازم دارین؟}

체가드르 풀 러젬 더린?

917. 나는 5000토만이 필요합니다.

917 - من به پنج هزار تومان احتیاج دارم.
من پنج هزار تومان لازم دارم.
{من پنج هزار تومن احتیاج دارم. من پنج هزارتو من لازم دارم}

만 판즈 헤저르 토만 에흐티어즈 더람. 만 판즈 헤저르 토만 러젬 더람

918. 당신은 이것이 필요합니까?

918- آیا شما به این احتیاج دارید؟
{آیا به این احتیاج دارین؟}

어여 베 인 에흐티어즈 더린?

919. 필요없습니다.

919- احتیاج ندارم.

에흐티어즈 나더람

920. 모두 얼마인지 더해 보세요.

920- لطفاً حساب کنید. حساب من چقدر می شود.
{لطفن حساب کنین. حساب من چقد میشه}

로트환 헤썹 코닌. 헤써베만 체가드르 미쉐

921. 당신은 모자 칫수가 얼마나 됩니까?

921- اندازه کلاه شما چقدر است؟
{اندازه کلاه شما چقدره؟}

안더제예 콜러헤 쇼머 체가드레?

922. 이 치수는 너무 큽니다.

922- این سایز برای من بزرگ است.
{این سایز برام بزرگه}

인 써예즈 바럼 보조르게

923. 나에게 좀 보여 주세요.

923- به من نشان بدهید. {بمن نشون بدین}

베 만 네슌 베딘

924. 나에게 몇개를 보여주세요.

924 - به من چند تا دیگر نشان بدهید.
{بمن چند تا دیگه نشون بدین}

베만 찬드 터 디게 네슌 베딘

925. 나에게 아직 2000토만이 있습니다.

925 - من هنوز دو هزار تومان پول دارم.
{من هنوز دو هزار تومن پول دارم}

만 하누즈 도 헤저르 토만 더람

926. 당신은 돈이 얼마나 남았습니까?

926 - چقدر از پولتان مانده است؟. چقدر از پولتان باقی مانده است؟
{چقد از پولتون مونده؟. چقد از پولتون باقی مونده؟}

체가드 아즈 풀레툰 문데?. 체가드 아즈 풀레툰 버기 문데?

927. 더 부드러운 것을 나에게 가져다 주세요.

927 - لطفاً از این لطیفتر را بیاورید.
{لطفن از این لطیفترو بیارین}

로트환 아즈 인 라티프타로 비어린

928. 이 옷은 몸에 좀 낍니다.

928 - این لباس برای من کمی تنگ است.
{این لباس برام کمی تنگه}

인 레베쓰 바람 캬미 탕게

929. 나는 당신에게 수표 한 장을 주겠습니다.

929- من به شما یک چک می دهم.
{من به شما یه چک میدم}

만 베쇼머 예 체크 미담

930. 나는 당신에게 수표로 지불할 것입니다.

930- من با چک پرداخت می کنم.

만 버 체크 파르더크트 미코남

931. 이 수표에 돈을 지불해 주십시오.

931- این چک را نقد کنید. {این چکو نقد کنین}

인 체코 나그드 코닌

932. 나에게 저 사전을 보여주세요.

932- به من آن فرهنگ لغت را نشان بدهید.
{بمن اون فرهنگ لغتو نشون بدین}

베 만 운 화르항게 로가토 네슌 베딘

933. 가장 좋은 것을 고릅시다.

933- بهترین را انتخاب کنیم. {بهترینو انتخاب کنیم}

베흐타리노 엔테캅 코님

934. 당신은 어떤 것을 고르고 싶습니까?

934- شما می خواهید کدام را انتخاب کنید؟
{میخاهین کدومو انتخاب کنین؟}

미키힌 코두모 엔테캅 코닌?

935. 나는 이것을 고릅니다.

935- من این را انتخاب می کنم. {اینو انتخاب میکنم}
이노 엔테컵 미코남

936. 당신은 가장 좋은 것을 골랐습니다.

936- شما بهترین را انتخاب کردید.
{شما بهترینو انتخاب کردین}
쇼머 베흐타리노 엔테컵 캬르딘

937. 이 사과는 십니다.

937- این سیب ترش است. {این سیب ترشه}
인 씹 토르쉐

938. 이 포도는 여전히 십니다.

938- این انگور هنوز ترش است.این انگور هنوز نرسیده است. {این انگور هنوز ترشه. این انگور هنوز نرسیده}
인 앙구르 하누즈 토르쉐. 인 앙구르 하누즈 나레씨데

939. 10,000토만 깎았지만 아직도 비쌉니다.

939- با اینکه ده هزارتومان تخفیف گرفتم اما هنوز گران است.
{با اینکه ده هزارتومن تخفیف گرفتم اما هنوز گرونه}
버 인케 다 헤저르 토만 타크휘프 게레프탐 암머 하누즈 게루네

940. 나는 그것을 100,000토만 아래로는 팔지 않습니다.

940 - من آن را کمتر از صد هزار تومان نمی فروشم.
{من اونو کمتر از صد هزارتومن نمیفروشم}
만 우노 캄타르 아즈 싸드 헤저르 토만 네미휘루샴

941. 나는 약 3킬로 살겁니다.

941 - من حدوداً سه کیلو می خرم.
{من حدودن سه کیلو میخرم}
만 호두단 쎄 킬로 미카람

942. 그것은 만토만입니다.

942 - آن ده هزار تومان است. {اون ده هزار تومنه}
운 다흐 헤저르 토마네

943. 그것을 살 가치가 없습니다.

943 - آن ارزش خریدن را ندارد.
{اون ارزش خریدنو نداره}
운 아르제쉐 카리다노 나더레

944. 약간의 봉투를 사러 갑시다.

944 - می روم چند تا پاکت بخرم.
{میرم چند تا پاکت بخرم}
미람 찬드 터 퍼캐트 베카람

945. 저 두개를 비교해 봅시다.

945 - آن دو تا را باهم مقایسه کنید.
{اون دوتا رو باهم مقایسه کنین}
운 도터로 버함 모거예쎄 코닌

946. 이 물건들은 서로 비교할 수 없습니다.

946- این اجناس قابل مقایسه نیستند.
{این اجناس قابل مقایسه نیستن}

인 아즈너쓰 거벌레 모거예쎄 니쓰탄

947. 당신은 내 주머니 속에 돈이 얼마나 있는지 추측 할 수 있습니까?

947- آیا شما می توانید حدس بزنید که در جیب من چقدر پول است؟
{میتونین حدس بزنین تو جیبم چقد پوله؟}

미투닌 하드쓰 베자닌 투 지뱜 체가드 풀레?

948. 이 지폐를 잔돈으로 바꿔주세요.

948- این اسکناس را به پول خرد تبدیل کنید.
{این اسکناسو به پول خرد تبدیل کنین}

인 에쓰케너쏘 베 풀레 코르드 탑딜 코닌

949. 오늘 모든 은행은 문을 닫습니다.

949- امروز تمام بانک ها بسته است.
{امروز تموم بانکا بسته اس}

엠루즈 타무메 번커 바스테 아쓰

950. ...평균 가격은 얼마입니까?

950- قیمت متوسط ....چند است؟
{قیمت متوسط .... چنده؟}

게이마테 모테바쎄테... 찬데?

951. 약 2만토맘이면 충분합니다.

951- اگر تقریباً بیست هزار تومان باشد، خوب است.
{اگه تقریین بیس هزار تومن باشه، خوبه}

아게 타그리반 비쓰 헤저르 토만 버쉐, 쿠베

952. 영수증을 나에게 주세요.

952- فاکتور را بمن بدهید. رسید را به من بدهید.
{فاکتورو بمن بدین. رسیدو بمن بدین}

훽토로 베만 베딘. 레씨도 베만 베딘

953. 저 상점은 막 가격을 올렸습니다.

953- آن مغازه اخیراً قیمت ها را بالا برده است.
{اون مغازه اخیرن قیمتا رو بالا برده}

운 마거제 아키란 게이마터로 벌러 보르데

954. 적당한 가격

954- قیمت مناسب

게이마테 모너쎕

955. 조금만 가격을 깎아 주세요.

955- یک کمی تخفیف بدهید.
{یه کمی تخفیف بدین}

예 캬미 타크휘프 베딘

956. 나에게 가격표를 보여주세요.

956- لطفاً به من برچسب قیمت را نشان بدهید.
{لطفن بمن برچسب قیمتو نشون بدین}

로프환 베만 바르차쓰베 게이마토 네슌 베딘

957. 정찰가격

957- قیمت ثابت. بهای ثابت. نرخ ثابت.

게이마테 써베트. 바허예 써베트. 네르케 써베트

958. 상품가격은 내렸습니다.

958- قیمت اجناس کاهش یافته است.
{قیمت اجناس کاهش یافته}

게이마테 아즈너쓰 커헤쉬 여프테

959. 그것은 많은 가치가 있지 않다.

959- آن ارزش زیادی ندارد.
{اون ارزش زیادی نداره}

운 아르제쉐 지여디 나더레

960. 당신은 이 화병의 가격을 얼마로 평가하십니까?

960- بنظر شما قیمت این گلدان چند است؟
{بنظر شما قیمت این گلدون چنده؟}

베나자레 쇼머 게이마테 인 골둔 찬데?

961. 연필 두. 세자루 가져다 주세요.

961- دو سه عدد مداد برای من بیاورید.
{دو سه تا مداد برام بیارین}

도 쎄 터 메더드 바럼 비어린

962. 나는 단지 세개비쯤 갖기 원합니다.

962- من فقط سه نخ سیگار می خواهم.
{من فقط سه نخ سیگار میخام}

만 화가트 쎄 나크 씨거르 미컴

963. 당신은 나에게 더 싼 가격으로 팔 수 있습니까?

963 - شما می توانید ارزانتر از این بفروشید؟

{میتونین ارزونتر از این بفروشین؟}

미투닌 아르준타르 아즈 인 베후루쉰?

964. 평균 모든 옷의 가격은 10만토만의 값이 나갑니다.

964 - بطور متوسط قیمت تمام لباسها حدودصد هزار تومان است.

{بطورمتوسط قیمت تموم لباسا حدود صد هزار تومنه}

베토레 모테바쎄테 게이마테 타무메 레버써 호두데 싸드 헤저르 토마네

965. 나에게 더 좋은 모자를 보여 주세요.

965 - به من کلاه بهتری را نشان بدهید. کلاه بهتر از این ندارید؟

{بمن کلاه بهتریو نشون بدین. کلاه بهتر از این ندارین؟}

베만 콜러헤 베흐타리요 네슌 베딘. 콜러헤 베흐타르 아즈 인 나더린?

966. 나는 가격에 대해 실랑이 하는 것을 싫어합니다.

966 - من نمی خواهم درباره قیمت بگومگو کنم. من دوست ندارم درمورد قیمت چانه بزنم.

{من نمیخام درباره قیمت بگومگو کنم. من دوس

ندارم درمورد قیمت چونه بزنم}

만 네미컴 다르버레예 게이마트 베구 마구 코남. 만 두쓰 나더람 다르 모레데 게이마트 추네 베자남

967. 당신은 이것을 고르기 원합니까 아니면 저것을 원합니까?

967- شما کدام را انتخاب می کنید این را یا آن را؟
{شما کدومو انتخاب میکنین اینویا اونو؟}

쇼머 코두모 엔테캅 미코닌 이노 여 우노?

968. 나에게 다른 종류의 손수건을 보여주세요.

968- بمن انواع دیگر دستمال را نشان بدهید.
{بمن انواع دیگر دستمالو نشون بدین}

베만 안버에 디게 다스트멀로 네슌 베딘

969. 이 디자인이 제일 솜씨가 좋습니다.

969- این بهترین طرح است.
{این بهترین طرحه}

인 베흐타린 타르헤

970. 몇 시에 저 약국은 문을 닫습니까?

970- چه ساعتی داروخانه تعطیل می شود؟
آن داروخانه چه ساعتی می بندد؟
{کی داروخونه تعطیل میشه؟. اون داروخونه کی میبنده؟}

케이 더루쿠네 타아틸 미쉐?. 운 더루쿠네 케이 미반데?

971. 그것은 지금 새 모델입니다.

971- آن مد روز است. {اون مد روزه}

운 모데 루제

972. 나는 이 형을 좋아하지 않습니다.

972- من این مدل را دوست ندارم.
{من این مدلو دوس ندارم}

만 인 모델로 두쓰 나더람

973. 이 모델은 구식입니다.

973- این طرح قدیمی است. {این طرح قدیمیه}

인 타르흐 가디미에

974. 가장 좋은 것을 고릅시다.

974- بهترین چیز را انتخاب کنیم.
{بهترین چیزو انتخاب کنیم}

베흐타린 치조 엔테컵 코님

975. 새 지폐는 막 유통하게 되었습니다.

975- اسکناس جدید توزیع شده است.
اسکناس جدید پخش شده است.
{اسکناس جدید توزیع شده؟. اسکناس جدید پخش شده}

에스케너쎄 자디드 토지 쇼데. 에쓰케너쎄 자디드 파크쉬 쇼데

976. 이 상점에서는 가격을 깎아야 합니까?

976- آیا در این دکان باید چانه زد؟
{آیا تو این دکون باید چونه زد؟}

어여 투 인 도쿤 버야드 츄네 자드?

977. 이것은 샘플과 같지 않습니다.

977- این مانند نمونه اش نیست.
{این مانند نمونه اش نیس}

인 머난데 네무네아쉬 니쓰

978. 이 바나나는 잘 익었습니다.

978- این موز خوب رسیده است.
{این موز خوب رسیده}

인 모즈 쿱 레씨데

979. 이 옷은 목부분이 더러워졌습니다.

979- یقه این لباس کثیف شده است.
{یقه این لباس کثیف شده}

야게예 인 레버쓰 캬씨프 쇼데

980. 당신은 이 사진 몇장을 사고 싶지요. 그렇지요?

980- شما می خواهید این چند عدد عکس را بخرید، مگر نه؟
{شما میخاین این چند عکسو بخرین، مگه نه؟}

쇼머 미커인 인 찬드 아크쏘 베카린, 마게 나?

981. 좋지 않은 품질의 상품은 팔 수가 없습니다.

981- نمی توانم جنس بد را بفروشم.
{نمیتونم جنس بد و بفروشم}

네미투남 젠쎄 바도 베훠루샴

982. 내 옷은 색이 바랬습니다.

982- رنگ لباسم رفته است. {رنگ لباسم رفته}

랑게 레버쌈 라프테

983. 이 사진을 확대해 주세요.

983- این عکس را بزرگ کنید.
{این عکسو بزرگ کنین}

인 아크쏘 보조로그 코닌

984. 누가 이 상점을 경영하고 있습니까?

984- چه کسی این مغازه را اداره می کند؟
صاحب این مغازه کیست؟
{کی این مغازه رو اداره میکنه؟. صاحب این مغازه کیه؟}

키 인 마거제로 에더레 미코네?. 써헤베 인 마거제 키예?

985. 카운터에서 돈을 지불해 주세요.

985- در پیشخوان حساب کنید.
پای صندوق حساب کنید.
{تو پیشخون حساب کنین. پای صندوق حساب کنین}

투 피쉬쿤 헤썹 코닌. 퍼예 싼두그 헤썹 코닌

986. 나는 은행에 가는 것을 잊었습니다.

986 - فراموش کردم به بانک بروم.

{فراموش کردم بانک برم}

화러무쉬 캬르담 번크 베람

987. 은행 잔고에 얼마나 돈이 남았는지 보십시오.

987 - ببینید در حساب پس انداز چقدر پول مانده است.

{ببینین تو حساب پس انداز چقد پول مونده}

베비닌 투 헤써베 파쓰안더즈 체가드 풀 문데

988. 만약 싸다면 나는 살겁니다.

988 - اگر ارزان باشد می خرم.

{اگه ارزون باشه میخرم}

아게 아르준 버쉐 미카람

989. 당신은 이것보다 더 싼 것을 가지고 있습니다.

989 - چیزی از این ارزانتر دارید؟

{چیزی از این ارزونتر دارین؟}

치지 아즈 인 아르준타르 더린?

990. 만약 당신이 그것을 더 싸게 해주신다면 내가 그것까지 다 사겠습니다.

990 - اگر شما آن را ارزانتر حساب کنید بقیه اش را هم می خرم.

{اگه شما اونو ارزونتر حساب کنین بقیشو هم میخرم}

아게 쇼머 우노 아르준타르 헤썹 코닌 바기아쇼 함 미카람

991. 이 옷은 너무 헐렁합니다.

991- این لباس خیلی گشاد است.
{این لباس خیلی گشاده}

인 레버쓰 케일리 고셔데

992. 이 옷은 목이 좁아요.

992- یقه این لباس تنگ است.
{یقه این لباس تنگه}

야게예 인 레버쓰 탕케

993. 무늬가 너무 화려하지 않습니까?

993- این لباس خیلی زرق و برق دار است، مگر نه؟
{این لباس خیلی زرقو برقداره، مگه نه؟}

인 레버쓰 케일리 자르고 바르그더레, 마게 나?

994. 천의 질이 나쁜 것 같아요.

994- بنظرم می آید جنس پارچه بد باشد.
{بنظرم میاد جنس پارچه بد باشه}

베나자람 미여드 젠쎄 퍼르체 바드 버쉐

995. 나는 이 형을 좋아하지 않기 때문입니다.

995- برای اینکه من این مدل را دوست ندارم.
{برا اینکه این مدلو دوس ندارم}

바러 인케 인 모델로 두쓰 나더람

996. 무늬 없는 천은 없어요?

996- پارچه ساده ندارید؟
{پارچه ساده ندارین؟}

퍼르체 써데 나더린?

물건사기

997. 당신은 어떤 종류의 천을 원합니까?

997 - شما چه نوع پارچه را می خواهید؟
شما چه نوع پارچه لازم دارید؟
{چه نوع پارچه میخاین؟. چه نوع پارچه لازم دارین؟}

체 노으 퍼르체로 미커인?. 체 노으 퍼르체 러젬더린?

998. 당신은 이 옷이 어떤지 보세요.

998 - ببینید این لباس چطور است.
{ببینین این لباس چطوره}

베비닌 인 레버쓰 체토레

999. 이 나라의 자수품은 매우 유명합니다.

999 - سوزن دوزی این کشور خیلی معروف است.
{سوزن دوزی این کشور خیلی معروفه}

쑤잔두지예 인 케쉬바르 케일리 마아루페

1000. 나는 이 옷을 입어 보려고 합니다.

1000 - من می خواهم این لباس را پرو کنم.
{میخام این لباسو پروکنم}

미컴 인 레버쏘 포로브 코남

1001. 이 옷은 너무 촌스러워요.

1001 - این لباس دهاتی است. {این لباس دهاتیه}

인 레버쓰 데허티예

1002. 이 물건은 유럽에서 매우 보편적입니다.
1002 - در اروپا معمولاً از این جنس استفاده می کنند.
{در اروپا معمولن از این جنس استفاده میکنن}
다르 우루퍼 마아물란 아즈 인 젠쓰 에쓰테훠데 미코난

1003. 저 종류의 과일은 맛이 있습니까?
1003 - آیا آن نوع میوه خوشمزه است؟
{اون نوع میوه خوشمزه اس؟}
운 노으 미베 코쉬마제 아쓰?

1004. 아니요. 그것은 좋지 않습니다.
1004 - نخیر، خوب نیست. خوشمزه نیست. بی مزه است.
{نخیر، خوب نیس. خوشمزه نیس. بی مزه اس}
나케이르, 쿱 니쓰. 코쉬마제 니쓰. 비마제 아쓰

1005. 유리 진열장에 있는 목걸이를 사고 싶습니다.
1005 - می خواهم گردن بند پشت ویترین را بخرم.
{میخام گردن بند پشت ویترینو بخرم}
미컴 갸르단반드 포쉬테 비트리노 베카람

1006. 내 손목시계의 끈이 끊어졌습니다.
1006 - بند ساعتم پاره شده است.
{بند ساعتم پاره شده}
반데 써아탐 퍼레 쇼데

1007. 이것은 교환이 됩니까?
1007 - می شود این را عوض کنید؟
{میشه اینو عوض کنین؟}
미쉐 이노 아바즈 코닌?

1008. 메모리 카드 하나 주세요.

1008 - یک عدد مِمُوری کارت بدهید.
یک عدد کارت حافظه بدهید.
{یه دونه مِمُوری کارت بدین. یه دونه کارت حافظه بدین}

예 두네 메모리 커르트 베딘. 예 두네 커르테 허페제 베딘

1009. 이것은 1GB입니까 아니면 2GB입니까?

1009 - این یک گیگا است یا دو گیگا؟
{این یه گیگا اس یا دو گیگا؟}

인 예 기거 아쓰 여 도 기거?

1010. 이것을 포장해 주세요.

1010 - این را کادو کنید. این را بسته بندی کنید. این را ببندید.
{اینو کادو کنین. اینو بسته بندی کنین. اینو ببندین}

이노 커도 코닌. 이노 바스테반디 코닌. 이노 베반딘

1011. 한 장 현상하는데 얼마입니까?

1011 - قیمت ظاهر کردن یک عدد عکس چقدر است؟
{قیمت ظاهر کردن یه دونه عکس چقدره؟}

게이마테 저헤르 캬르다네 예 두네 악쓰 체가드레?

1012. 실과 바늘이 있습니까? 바지가 틀어졌어요.

1012 - سوزن و نخ دارید؟ درز شلوار شکافته شده است.
{سوزن نخ دارین؟ درزشلوار شکافته}

쑤잔 나크 더린? 다르제 숼버르 쉐커프테

1013. 당신이 물건을 건네 주자마자 나는 돈을 지불하겠습니다.

1013 - وقتیکه اثاثیه را تحویل دادید با شما حساب می کنم.
{وقتیکه اثاثیه رو تحویل دادین با شما حساب میکنم}

바그티 케 아써씨예로 타흐빌 더딘 버 쇼머 헤썹 미코남

1014. 문구점에 가고 싶습니다.

1014 - می خواهم به لوازم التحریر فروشی بروم.
{میخام به لوازم التحریر فروشی برم}

미컴 베 라버제몰타흐리르 훠루쉬 베람

1015. 자와 지우개와 칼과 줄 쳐진 종이를 사려고 합니다.

1015 - می خواهم خط کش، پاک کن، تیغ و کاغذ خط دار را بخرم.
{میخام خط کش، پاک کن، تیغو کاغذ خط دار بخرم}

미컴 카트 케쉬, 퍼크 콘, 티고 커거제 카트더르 베카람

1016. 지금 나는 지불하고 나머지는 이달 말에 지불하겠습니다.

1016 - الان مقداری حساب می کنم و بقیه اش را اواخر ماه جاری حساب خواهم کرد.
{الان مقداری حساب میکنم و بقیشو اواخر ماه جاری حساب میکنم}

알런 메그더리 헤썹 미코남 바 바기야쇼 아버케레 머헤 저리 헤썹 미코남

1017. 이 자동차는 할부로 살 수 있습니까?

1017 - آیا این ماشین را قسطی می فروشید؟
{این ماشینو قسطی میفروشین؟}
인 머쉬노 게쓰티 미훠루쉰?

1018. 이란에는 할부제도가 있습니까?

1018 - آیا در ایران سیستم قسط بندی وجود دارد؟
{تو ایرون سیستم قسط بندی وجود داره؟}
투 이룬 씨스테메 게쓰트반디 보주드 더레?

1019. 그럼 신용카드도 되나요?

1019 - پس، از کارت اعتباری هم استفاده می شود؟
{پس، از کارت اعتباری هم استفاده میشه؟}
파쓰, 아즈 커르테 에오테버리얌 에스테훠데 미쉐?

1020. 나는 은행에 가서 환전하겠습니다. 이 근처에는 환전상은 없습니까?

1020 - من در بانک پولم را تبدیل می کنم. در این نزدیکی ها صرافی وجود ندارد؟
{من دربانک پولمو تبدیل میکنم. این نزدیکیا صرافی وجود نداره؟}
만 다르 번크 풀라모 탑딜 미코남, 인 나즈 디키어 싸러피 보주드 나더레?

1021. 거리에서 환전은 불법입니다.

1021 - خرید و فروش اسکناس در خیابان غیر قانونی است.
{خریدو فروش اسکناس تو خیابون غیر قانونیه}
카리도 훠루쉐 에쓰케너쓰 투 키어분 게이레 거누니예

1022. 나는 이 음료는 좋아하지 않습니다.

1022 - من از این نوشابه خوشم نمی آید.
{من از این نوشابه خوشم نمیاد}

만 아즈 인 누셔베 코샴 네미어드

1023. 당신이 값에 동의하시면 나는 나중에 당신에게 돈을 지불하겠습니다.

1023 - اگر شما با این قیمت موافق باشید من بعداً با شما حساب می کنم.
{اگه شما با این قیمت موافق باشین من بعدن باشما حساب میکنم}

아게 쇼머 버 인 게이마트 모버훼그 버쉰 만 바단 버 쇼머 헤썹 미코남

1024. 은행의 출납계원은 몇시까지 일합니까? 왜냐하면 제가 직접 계좌를 열어야하거든요.

1024 - کارمند گیشه تا چه ساعتی کار می کند؟ چونکه باید حساب بانکی را باز کنم.
{کارمند گیشه تا کی کار میکنه؟ چونکه باید حساب بانکیو وا کنم}

커르만데 기쉐 터 케이 커르 미코네? 츈케 버야드 헤써베 번키요 버 코남

1025. 비밀번호는 무엇입니까? 통장은 가지고 오셨습니까?

1025 - شمارهٔ رمز شما چند است؟ دفترچه پس انداز را آورده اید؟
{شماره ی رمز شما چنده؟ دفترچه پس اندازو آوردین؟}

쇼머레예 람제 쇼머 찬데? 다프타르체예 파쓰안더조 어바르딘?

1026. 적금을 붓고 잔고는 얼마 없습니다.

1026 - بعد از پرداخت پس اندازماهانه موجودی در حساب نمی ماند.
{بعد از پرداخت پس اندازماهانه موجودی تو حساب نمیمونه}

바드 아즈 파르더크테 파쓰안더제 머허네, 모주디 투 헤썹 네미무네

1027. 이 사전은 싸기도 하지만 좋기도 합니다.

1027 - این فرهنگ لغات نه تنها ارزان است بلکه کیفیت خوبی هم دارد. {این فرهنگ لغت نه تنها ارزونه بلکه کیفیت خوبی هم داره}

인 화르항게 로가트 나 탄허 아루주네 발케 케이피야테 쿠비 함 더레

7 질병

🔵 기본단어

병원(비머레스턴)
بیمارستان

전문의(페제쉬케 모타카쎄쓰)
پزشک متخصص

수술하다(아말 캬르단)
عمل کردن

복통(델 다르드)
دل درد

약을 복용하다(다루 코르단. 다루 마쓰라프 캬르단)
دارو خوردن.
دارو مصرف کردن

약(다루. 다버)
دارو. دوا

환자(마리즈. 비머르)
مریض. بیمار

구급차(엄불런쓰)
آمبولانس

피곤하다(카쓰테 부단)

약국(더루쿠네)
داروخانه {داروخونه}

간호사(파라쓰터르)
پرستار

치료하다(다르문 캬르단)
درمان کردن {درمون کردن}

치통(단둔 다르드)
دندان درد {دندون درد}

아프다(다르드 더쉬탄. 마리즈 부단. 비머르 부단)
درد داشتن.
مریض بودن. بیمار بودن

호흡이 곤란하다(베싸크티 나파쓰 케쉬단)
به سختی نفس کشیدن

병에 걸리다(비머리 게레프탄. 비머르 쇼단)
بیماری گرفتن. بیمار شدن

말라리아(멀러리여)
مالاریا

기침하다(쏘르페 캬르단)

221 • 이란어회화

سرفه کردن	خسته بودن
진찰하다 (모어예네 캬르단)	천식 (어쑴)
معاینه کردن	آسم
침대 (타크테 컵)	인턴 (도크토레 터제커르. 안테른)
تخت خواب	دکتر تازه کار. انترن
처방전 (노쓰케)	회복하다 (베흐부드 여푸탄)
نسخه	بهبود یافتن
눈병 (촤쉬므 다르드)	붕대 (거즈)
چشم درد	گاز
폐결핵 (쎌)	주사놓다 (타즈리그 캬르단. 엄풀 자단)
سل	تزریق کردن. آمپول زدن
감기들다 (싸르머 코르단)	한약 (더루예 기여히)
سرما خوردن	داروی گیاهی
건강하다 (쌀러마트 부단. 썰렘 부단)	백일해 (씨여흐 쏘르페)
سلامت بودن. سالم بودن	سیاه سرفه
풍토병 (비머리예 하메기르부미)	페스트 (터운)
بیماری همه گیربومی	طاعون
체온계 (다라제)	수족이 아프다 (다르드 캬르단 다르 다스토 퍼)
درجه	درد کردن در دست و پا
변비 (요부싸트)	병세 (바즈이야테 마라즈. 헐라테 마라즈)
یبوست	وضعیت مرض. حالت مرض
소화불량 (쑤에 허제메)	설사 (에쓰헐)
سوء هاضمه	اسهال
콜레라 (바버)	피부병 (비머리예 푸스티)
وبا	بیماری پوستی
혈압 (훼셔레 쿤)	전염병 (비머리예 모쓰리)
فشار خون	بیماری مسری
머리가 아프다 (싸람 다르드 미코	체온 (다머예 바단. 갸르머

예 바단)   네.싸르 다르드 더람)

سرم درد می کند {سرم درد   دمای بدن. گرمای بدن

میکنه}.

سر درد دارم

링거를 맞다(쎄롬 자단)   골다공증(푸키예 오쓰토쿤)

پوکی استخوان {پوکی اوستوخون}   سرم زدن

치질(바버씨르)

بواسیر

질병

1028. 당신은 병이 나았습니까?

1028 - آیا بیماری شما خوب شده است؟
آیا کسالت شما رفع شده است؟
{بیماریتون خوب شده؟. کسالتتون رفع شده؟}

비머리예툰 쿱 쇼데?. 케썰라테툰 라프으 쇼데?

1029. 네, 완전히 나았습니다.

1029 - بله، درمان شدم. بله، خوب شدم.
{بله، درمون شدم. بله، خوب شدم}

발레, 다르문 쇼담. 발레, 쿱 쇼담

1030. 빨리 의사선생님을 모셔옵시다.

1030 - زود دکتر را بیاوریم.
{زود دکترو بیاریم}

주드 도크토로 비아림

1031. 내 감기 증세는 완전히 나았습니다.

1031 - سرما خوردگی من کاملاً خوب شده است.
{سرما خوردگیم کاملن خوب شده}
싸르머 코르데기얌 커멜란 쿱 쇼데

1032. 그 사람은 피부와 뼈만 남아 있다.

1032 - از آن مرد فقط پوست و استخوان مانده است.
{از اون مرد فقط پوستو استخون مونده}
아즈 운 마르드 화가트 푸스토 오스토컨 문데

질병

1033. 비록 젊지만 약한 것 같습니다.

1033 - با اینکه جوان است ولی ضعیف بنظر می آید.
{با اینکه جوونه ولی ضعیف بنظر میاد}
버 인케 자부네 발리 자이푸 네나자르 미어드

1034. 저는 목(구멍)이 아픕니다.

1034 - گلویم درد می کند. گلو درد دارم.
{گلوم درد میکنه. گلو درد دارم}
걀룸 다르드 미코네. 걀루 다르드 더람

1035. 나는 참기가 힘듭니다.

1035 - تحمّل کردن سخت است.
{تحمل کردن سخته}
타함몰 캬르단 싸크테

1036. 저 노인은 매우 쇠약합니다.

1036 - آن پیر مرد خیلی ضعیف است. آن پیرمرد ناتوان است.
{اون پیرمرد خیلی ضیفه. اون پیرمرد ناتوونه}
운 피레 마르드 케일리 자이풰. 운 피레 마르드 너타분네

1037. 그는 매우 힘이 없습니다.
1037 - او اصلاً نا ندارد. {او اصلن نا نداره}
우 아쓸란 너 나더레

1038. 그는 꾀병을 부립니다.
1038 - او خودش را به مریضی زده است.
{خودشو به مریضی زده}
코데쇼 베 마리지 자데.

1039. 당신은 기침을 심하게 합니다.
1039 - شما سرفه شدید می کنید.
{شما سرفه شدید میکنین}
쇼머 쏘르훼예 솨디드 미코닌

1040. 나는 기침약이 필요합니다.
1040 - من به داروی سرفه احتیاج دارم.
{من به دوای سرفه احتیاج دارم}
만 베 다버예 쏘르훼 에흐티어즈 더람

1041. 얼굴에 종기가 났습니다.
1041 - صورت او جوش زده است.
{صورت او جوش زده}
쑤라테 우 주쉬 자데

1042. 배멀미가 있습니다.
1042 - حالت دریا گرفتگی پیدا کرده ام.
{حالت دریاگرفتگی پیدا کردم}
헐라테 다르여 게레프테기 페이더 캬르담

질병

1043. 허리까지 옷을 내리세요.

1043 - لباستان را تا کمر پایین بکشید.
{لباستونو تا کمر پایین بکشین}
레버쎄투노 터 캬마르 퍼인 베케쉰

1044. 혀를 보여 주세요.

1044 - زبانتان را نشان بدهید. زبانتان را در بیاورید.
{زبونتونو نشون بدین. زبونتونو در بیارین}
자부나투노 네슌 베딘. 자부나투노 다르 비어린

1045. 발이 삐었습니다.

1045 - پای من پیچ خورده است. {پام پیچ خورده}
펌 피츠 코르데

1046. 손톱과 발톱이 부러졌습니다.

1046 - ناخن های دست و پای من شکسته است.
{ناخونای دست و پام شکسته}
너쿠너예 다스토 펌 쉐캬스테

1047. 숨을 크게 내쉬세요.

1047 - نفس عمیق بکشید. {نفس عمیق بکشین}
나파세 아미그 베케쉰

1048. 숨을 들이쉬고 멈추세요.

1048 - نفس عمیق بکشید و سپس نفستان را حبس کنید.
{نفس عمیق بکشینو نفستونو حبس کنین}
나파쎄 아미그 베케쉬노 쎄파쓰 나파쎄투노 하브쓰 코닌

1049. 마시기 전에 병을 흔드세요.

1049 - قبل از نوشیدن بطری را تکان بدهید.
{قبل از نوشیدن بطریو تکون بدین}
가불 아즈 누쉬단 보트리요 테쿤 베딘

1050. 얼굴과 손이 부었습니다.

1050 - صورت و دست شما ورم کرده است.
{صورتودستتون ورم کرده}
쑤라토 다스테툰 바람 캬르데

1051. 그는 암의 여러 원인에 대한 연구를 진행 중입니다.

1051 - او مشغول تحقیق دربارهٔ علت سرطان است.
{او مشغول تحقیق دربارهٔ علت سرطانه}
우 마쉬굴레 타흐기그 다르버레예 엘라테 싸라터네

1052. 내 손이 가렵습니다.

1052 - دستم می خارد. {دستم میخاره}
다스탐 미커레

1053. 가려우면 긁으세요.

1053 - اگر احساس خارش دارید بخارانید.
{اگه احساس خارش دارین بخارونین}
아게 에흐써쎄 커라쉬 더린 베커루닌

1054. 이 진찰 기록은 저의 의사 선생님이 인정한 것입니다.

1054 - این پرونده پزشکی مورد تأیید پزشک من است.
{این پرونده پزشکی مورد تأیید پزشک منه}
인 파르반데예 페제쉬키 모레데 타이이데 페제쉬케 마네

질병

1055. 나는 안약을 넣었습니다.

1055 - من در چشمم قطره ریختم.

만 다르 차쉬맘 가트레 리크탐

1056. 저는 이빨을 뽑고 싶습니다.

1056 - من می خواهم دندانم را بکشم.

{من میخام دندونمو بکشم}

만 미컴 단둔나모 베케샴

1057. 식사전 하루에 세번씩 한알씩 드세요.

1057 - قبل از هر وعده غذا یک عدد قرص بخورید.

{قبل از هر وَده غذا دونه قرص بخورین}

가불 아즈 하르 바데 가저 예 아다드 고르쓰 보코린

1058. 그는 오른쪽 폐를 앓고 있습니다.

1058 - شش سمت راست او مسئله دارد.

{شش سمت راست او مسئله داره}

쇼쉐 쌈테 러스테 우 마쓰알레 더레

1059. 그 폐병은 전염되기 쉽습니다.

1059 - سل مسری است. {سل مسریه}

쎌 모쓰리예

1060. 탈지면과 붕대로 묶으세요.

1060 - با تنزیف و گاز ببندید. {با تنزیفو گاز ببندین}

버 탄지포 거즈 베반딘

1061. 팔꿈치와 무릎을 구부릴 수 없습니다.

1061 - نمی توانم آرنج و زانویم را تا بکنم.
{نمیتونم آرنجو زانومو تا کنم}
네미투남 어렌조 저누모 터 코남

1062. 식욕이 없습니까?

1062 - آیا شما اشتها ندارید؟ {اشتها ندارین؟}
에쉬테허 나더린?

1063. 왜 그렇게 창백합니까?

1063 - چرا رنگتان پریده است؟{چرا رنگتون پریده؟}
체러 랑게툰 파리데?

질병

1064. 그는 손에 상처를 입었어요.

1064 - دست او زخم شده است. {دستش زخم شده}
다스테쉬 자크므 쇼데

1065. 처방전이 있어야만 이란에서는 약을 살 수 있습니다.

1065 - در ایران حتماً باید با نسخه دکتر دارو خرید.
{در ایرون حتمن باید با نسخه ی دکتر دارو خرید}
다르 이룬 하트만 버야드 버 노스케예 도크토르 더루 카리드

1066. 항생제를 좀 주세요.

1066 - لطفاً آنتی بیوتیک را تجویز کنید.
{لطفن آنتی بیوتیکو تجویز کنین}
로트환 언티 비요티크 로 타즈비즈 코닌

☞ 이란의 의료제도는 매우 서구적이다. 그러므로 반드시 예약을 해야 되며 진찰과 처방이 분리되어 있다. 일반 약국에서는 처방전이 있어야 약을 살 수 있으며 의료보험제도도 잘 되어 있다.

8 우편

🔵 기본단어

우체국(포스트쿠네. 에더레예 포스트) پست خانه. اداره پست

보내다(훼레스터단) فرستادن

휴대폰(텔레포네 함러흐. 모버옐. 텔레포네 다스티) تلفن همراه. موبایل. تلفن دستی

소포(바스테) بسته

편지(너메) نامه

우편번호(코데 포스티) کد پستی

팩스를 보내다(훽스 쟈단. 훽스 훼레스터단) فاکس زدن. فاکس فرستادن

편지를 우체통에 넣다
(너마로 싼두게 포스트 안더크탄)
نامهٔ هوایی. پست هوایی   نامه را به صندوق پست انداختن

전화를 걸다(텔레폰 쟈단. 장

우편엽서(커르테 포스털) کارت پستال

우표(탐부르) تمبر

전보(텔레그러프) تلگراف

운임(케러예) کرایه

전화(텔레폰) تلفن

우체통(싼두게 포스트) صندوق پست

팩스(훽스) فاکس

항공우편
(너메예 하버이. 포스테 하버이)

우체부(포스트치)

231 • 이란어회화

پستچی
자단. 타머쓰 게레프탄)
تلفن زدن. زنگ زدن.
تماس گرفتن

등기우편(너메예 쎄훠레쉬)
نامه سفارشی

1067. 나는 이것을 소포로 보내고 싶습니다.

1067 - من می خواهم این بسته را بفرستم.
{میخام این بسته رو بفرستم}

미컴 인 바스테로 베풰레스탐

1068. 언제 당신은 우체국에 갈겁니까?

1068 - کی به پستخانه می روید؟
{کی پستخونه میرین؟}

케이 베 포스트쿠네 미린?

1069. 저를 위해 이 편지를 읽어 주세요.

1069 - لطفاً برای من این نامه را بخوانید.
{لطفن برام این نامَرُو بخونین}

로트환 바럼 인 너마로 베쿠닌

1070. 이 편지를 한국으로 보내주세요.

1070 - این نامه را به کره جنوبی بفرستید.
{این نامَرُو به کره جنوبی بفرستین}

인 너마로 베 코레예 조누비 베풰레스틴

1071. 이 우표는 잘 붙지 않습니다.

1071 - این تمبر خوب نمی چسبد.
{این تمبر خوب نمیچسبه}

인 탐부르 쿱 네미차스베

1072. 우체국은 은행 근처에 있습니다.

1072 - پستخانه نزدیک بانک است.
{پستخونه نزدیک بانکه}

포스트쿠네 나즈디케 번케

1073. 이 편지들을 등기로 보냅시다.

1073 - این نامه ها را پست سفارشی کنید.
{این نامه ها رو پست سفارشی کنین}

인 네메허로 포쓰테 쎄훠레쉬 코닌

1074. 당신은 제 편지를 받았습니까?

1074 - آیا نامه ام بدستتان رسیده است؟.
آیا نامه من را دریافت کرده اید؟
{نامم بدستتون رسیده؟. نامه ی منو دریافت کردین؟}

너맘 베다스테툰 레씨데?. 너메예 마노 다르여푸트 캬르딘?

1075. 편지 받은 즉시 당신께 답장하겠습니다.

1075 - به محض دریافت نامه، پاسخ شما را خواهم داد.
{به محض دریافت نامه، پاسخ شمارو میدم}

베 마흐제 다르여푸테 너메, 퍼쏘케 쇼머로 미담

1076. 항공우편은 킬로당 얼마입니까?

1076 - پست هوایی کیلویی چند است؟
{پست هوایی کیلویی چنده؟}

포스테 하버이 킬로이 찬데?

1077. 전화박스는 어디있습니까?

1077 - تلفن عمومی کجاست؟
{تلفن عمومی کجاس؟}

텔레포네 오무미 코저쓰?

1078. 보내는 사람, 받는 사람

1078 - فرستنده، گیرنده

훼레스탄데, 기란데

1079. 문자는 어떻게 보냅니까?

1079 - پیغام را چطور می فرستید؟. پیام رو چطور می فرستید؟
{پیغامو چطو میفرستین؟. پیامو چطو میفرستین؟}

페이거모 체토 미훼레스틴?. 파여모 체토 미쉐레스틴?

1080. 휴대폰은 어떻게 신청합니까?

1080 - در خواست تلفن همراه به چه صورت است؟
{درخاست تلفن همراه به چه صورته؟}

다르 커스테 텔레포네 함러흐 베 체 쑤라테?

1081. 이 휴대전화는 국제통화가 가능합니까?

1081 - آیا از این موبایل می شود به خارج زنگ زد؟
{از این موبایل میشه به خارج زنگ زد؟}

아즈 인 모버옐 미쉐 베 커레즈 장 자드?

1082. 전화가 연결되었습니다.

1082 - تلفن وصل شده است. ارتباط برقرار شده است.
{تلفن وصل شده. ارتباط برقرار شده}

텔레폰 바쓸 쇼데. 에르테버트 바르 가라르 쇼데

1083. 전화는 통화중입니다.

1083 - تلفن مشغول است. {تلفن مشغوله}

텔레폰 마쉬굴레

1084. 전화를 받지 않습니다.

1084 - کسی جواب نمی دهد. {کسی جواب نمیده}

캬씨 자법 네미데

1085. 나는 당신께 다시 전화하겠습니다.

1085 - من به شما دوباره تلفن خواهم زد.
{من به شما دوباره تلفن میزنم}

만 베 쇼머 도버레 텔레폰 미자남

1086. 그는 여기 없습니다. 전할 말씀이 있으십니까?

1086 - او اینجا نیست. آیا پیغامی دارید؟
{اینجا نیس. پیغامی دارین؟}

인저 니쓰. 페이거미 더린?

1087. 끊지 말고 잠깐 기다리세요.

1087 - گوشی خدمتتان. گوشی حضورتان.
{گوشی خدمتتون. گوشی حضورتون}

구쉬 케드마테툰. 구쉬 호주레툰

1088. 내게 전화해 달라고 전해 주세요.

1088 - لطفاً بگویید با من تماس بگیرند.
لطفاً بگویید به من تلفن بزنند.
{لطفن بگین با من تماس بگیرن. لطفن بگین بمن تلفن بزنن}

로트환 베긴 버 만 타머쓰 베기란. 로트환 베긴 베 만 텔레폰 베자난

1089. 당신은 언제 DHL을 받았습니까?

1089 - کی دی اچ ال بدستان رسیده است؟
{کی دی اچ ال بدستتون رسیده؟}

케이 디 에치 엘 베다스테툰 레씨데?

1090. 당신에게 걸려온 전화가 있습니다.

1090 - تلفن برای شما است. برای شما تلفن آمده است.
{تلفن برا شماس. براتون تلفن اومده}

텔레폰 바러 쇼머쓰. 바러툰 텔레폰 우마데

1091. 전화 잘못 걸었습니다.

1091 - اشتباه گرفته اید. {اشتباه گرفتین}

에쉬테버흐 게레프틴

1092. 요즘 저는 그에 대한 소식을 듣지 못합니다.

1092 - اخیراً از او خبر ندارم.
{اخیرن ازش خبر ندارم}

아키란 아자쉬 카바르 나더람

1093. 그건 단지 헛소문일 뿐입니다.

1093 - آن فقط شایعه است. {اون فقط شایعه اس}
운 화가트 셔예에 아쓰

9 방문

🔵 기본단어

책상(미제 모터레에)
میز مطالعه

(옷)장(코모데 레버쓰)
کمد لباس

의자(싼달리)
صندلی

명함(커르테 비지트)
کارت ویزیت

거실(오터게 네쉬만. 헐)
اتاق نشیمن. هال

벤치(님캬트)
نیمکت

벨(장)
زنگ

가구(모블레먼)
مبلمان

이야기하다(쏘흐바트 캬르단. 하르프 자단)
صحبت کردن. حرف زدن

앉다(네쇠쓰탄)
نشستن

벨을 누르다(장 쟈단)
زنگ زدن

1094. 당신이 보다 오래 머무실 수 없다니 유감입니다.

1094 - حیف است که شما بیشتر از این نمی توانید بمانید.
{حیفه شما بیشتر نمیتونین بمونین}

헤이페 쇼머 비쉬타르 아즈 인 네미투닌 베무닌

1095. 언제 제가 당신을 방문할 수 있습니까?

1095 - کی شما را می بینم؟. کی سعادت دیدن شما را دارم؟

{کی شمارو میبینم؟. کی سعادت دیدن شما رو دارم؟}

케이 쇼머로 미비남?. 케이 싸어다테 디다네 쇼머로 더람?

1096. 그가 나에게 말하기를 그는 내일 당신을 방문할 것이라고 했습니다.

1096 - به من گفت که فردا به دیدن شما می آید.

{بمن گفت فردا به دیدن شما میاد}

베 만 고프트 화르더 베 디다네 쇼머 미여드

1097. 내가 그를 만난지는 2년됩니다. 그는 꽤 많이 변했습니다.

1097 - از دو سال پیش که او را دیده بودم، خیلی تغییر کرده است. {از دوسال پیش که او را دیده بودم، او خیلی تغییر کرده}

아즈 도 썰레 피쉬 케 우러 디데 부담, 우 케일리 타그이르 캬르데

1098. 이렇게 좋은 자리를 마련해 주신데 대해 당신께 감사드립니다.

1098 - از شما تشکر می کنم که این افتخار را به ما دادید.

{ازتون تشکر میکنم این افتخا رو بما دادین}

아즈툰 타쇼코르 미코남 인 에프테커로 베 머 더딘

방문

1099. 약소합니다만 좋아하셨으면 합니다.

1099 - قابلی ندارد ولی امیدوارم از آن خوشتان بیاید.
{قابلی نداره ولی امیدوارم ازاون خوشتون بیاد}

거벨리 나더레 발리 오미드버람 아즈 운 코쉐툰 비여드

1100. 그는 저를 기쁘게 맞아주었습니다.

1100 - او با خوشحالی مرا پذیرفت.
او با خوشحالی از من استقبال کرد.
{او باخوشحالی منو پذیرفت. او با خوشحالی از من استقبال کرد}

우 버 코쉬헐리 마노 파지로프트. 우 버 코쉬헐리 아즈 만 에쓰테그벌 캬르드

1101. 요즘 당신을 찾아 뵙지 못했습니다.

1101 - اخیراً نتوانستم شما را زیارت کنم.
اخیراً نتوانستم شما را ببینم.
{اخیرن نتونستم شما رو زیارت کنم. اخیرن نتونستم شمارو ببینم}

아키란 나투네스탐 쇼머로 지여라트 코남. 아키란 나투네스탐 쇼머로 베비남

1102. 남편은 집에 계십니까?

1102 - همسرتان درخانه هستند؟
{همسرتون خونه هستن؟}

함싸레툰 쿠네 하스탄?

1103. 저희 남편은 부재중입니다.

1103 - شوهرم در خانه نیست.{شوهرم خونه نیس}

쇼하람 쿠네 니쓰

방문

1104. 우리집에 당신을 모시게 되어 매우 기쁩니다.
1104 - خیلی خوشحال شدم که به منزل من تشریف آوردید.
{خیلی خوشحال شدم به منزلم تشیف آوردین}
케일리 코쉬헐 쇼담 베 만젤람 타쉬프 어보르딘

1105. 어찌됐건 저는 그를 방문할 겁니다.
1105 - بهرحال حتماً او را ملاقات می کنم.
{بهرحال حتمن اورو ملاقات میکنم}
베 하르 헐 하트만 우로 몰러거트 미코남

1106. 그저께 밤 그가 나를 방문하러 왔습니다.
1106 - پریشب او پیش من آمده بود.
{پریشب پیش من اومده بود}
파리숍 피쉐 만 우마데 부드

1107. 오늘 저녁 나는 당신을 저녁식사에 초대하고 싶습니다.
1107 - می خواهم امشب شما را به شام دعوت کنم.
{میخام امشب شمارو به شام دعوت کنم}
미컴 엠샵 쇼머로 베 셤 다아바트 코남

1108. 당신은 방문일자를 변경할 수 있습니까?
1108 - آیا شما میتوانید تاریخ ملاقات را تغییر بدهید؟
{آیا میتونین تاریخ ملاقاتو تغییر بدین؟}
어여 미투닌 터리케 몰러거토 타그이르 베딘?

방문

1109. 저는 그를 다음 주에 만나기로 약속했습니다.

1109 - قرار گذاشتم که هفته آینده او را ببینم.

{قرارگذاشتم هفته آینده اونو ببینم}

가러르 고저쉬탐 하프테예 어얀데 우노 베비남

1110. 오늘밤 손님 세분이 오실거예요.

1110 - امشب سه نفر مهمان داریم.

{امشب سه تا مهمون داریم}

엠솹 세 터 메흐문 더림

1111. 내일 파티는 9시에 시작됩니다. 꼭 제 시간에 와 주세요.

1111 - فردا ساعت نه مهمانی شروع می شود. حتماً سرساعت تشریف بیاورید.

{فردا ساعت نه مهمونی شروع میشه. حتمن سرساعت تشیف بیارین}

화르더 써아테 노 메흐무니 쇼루으 미쉐. 하트만 싸레 써아트 타쉬프 비어린

1112. 제가 쉬리니(이란식 과자)를 가지고 갈테니 당신은 꽃을 사오세요.

1112 - من برای مهمانی شیرینی می خرم، شما گل بخرید.

{من برای مهمونی شیرینی میخرم، شما گل بخرین}

만 바러예 메흐무니 쉬리니 미카람, 쇼머 골 베카린

방문

1113. 미안합니다만 약속시간에서 약 30분 늦게 도착할 것 같아요.

1113 - معذرت می خواهم ولی تقریباً نیم ساعت دیر خواهم رسید. {معذرت میخام ولی تقریین نیم ساعت دیر میرسم}

마아자라트 미컴 발리 타그리반 님 써아트 디르 미레쌈

1114. 죄송합니다, 길이 많이 막혀요.

1114 - ببخشید ترافیک سنگین است. {ببخشین ترافیک سنگینه}

베바크쉰, 트러픽 쌍기네

1115. 주소를 갖고 왔는데도 집을 찾기가 쉽지 않군요.

1115 - با اینکه آدرس را دارم ولی پیدا کردن خانه کار آسانی نیست. {با اینکه آدرسو دارم ولی پیدا کردن خونه کار آسونی نیس}

버 인케 어드레쏘 더람 발리 페이더 캬르다네 쿠네 커레 어쑤니 니쓰

1116. 저는 오늘 저녁에 댁에 가서 의논드릴것이 있어요.

1116 - من برای مشورت امروز عصر به منزل شما می آیم. {من برا مشورت امروز عصر به منزل شما میام}

만 바러 마쉬바라트 엠루즈 아스르 베 만젤레 쇼머 미엄

1117. 그녀를 맞으러 제가 골목 어귀까지 나가겠습니다.

1117 - برای پیشواز او تا سر کوچه می روم.
{برا پیشواز او تا سرکوچه میرم}
바러 피쉬버제 우 터 싸레 쿠체 미람

1118. 당신이 원할 때 저를 방문해 주세요.

1118 - هر وقت که خواستید به دیدن من بیایید.
{هر وقت خاستین به دیدن من بیایین}
하르 바그트 커스틴 베 디다네 만 비어인

1119. 저는 오후 4시에 가겠습니다.

1119 - من ساعت چهار بعد از ظهر می آیم.
{من ساعت چار بعد ازظهر میام}
만 써아테 처레 바드 아즈 조흐르 미엄

1120. 내일 저는 푸르 넘더리연씨를 방문할 것입니다.

1120 - فردا به ملاقات آقای پورنامداریان می روم.
{فردا به ملاقات آقای پورنامداریان میرم}
화르더 베 몰러거테 어거예 푸르넘더리연 미람

1121. 만약 괜찮으시다면 내일 제가 가겠습니다.

1121 - اگر اشکالی نداشته باشد، فردا مزاحمتان می شوم.
{اگه اشکالی نداشته باشه، فردا مزاحمتون میشم}
아게 에쉬컬리 나더쉬테 버셰, 화르더 모저헤메툰 미샴

방문

1122. 당신이 이렇게 일찍 가야만 하니 유감입니다.
1122- کاشکی می ماندید. {کاشکی میموندین}
커쉬키 미문딘

1123. 죄송합니다만 지금 가야만 합니다.
1123- ببخشید ولی الان باید بروم.
{ببخشین ولی الان باید برم}
베바크쉰 발리 알런 버야드 베람

1124. 오늘밤은 저의 집에서 주무시고 가세요.
1124- امشب خانه ما بمانید. {امشب خونمون بمونین}
엠샵 쿠나문 베무닌

1125. 그렇다면 제가 현관까지 전송해 드릴께요.
1125- پس من تا جلوی در شما را بدرقه می کنم.
{پس من تا جلو در شمارو بدرقه میکنم}
파쓰 만 터 졸로 다르 쇼머로 바드라게 미코남

☞ 이란은 이슬람공화국으로 정체가 변한 이후 집에서의 모임이 예전에 비해 많아졌다. 모임은 대개 저녁 9시 내지 10시경에 시작되며 11시쯤에 저녁식사를 하게 되어 처음 초대를 받는 외국인들은 허기를 느낄 수 있다. 더구나 이란이들은 손님접대를 즐겨 잦은 초대를 경험할 수 있다.

10 날씨

🔵 기본단어

날씨(어보하버)
آب و هوا

날씨가 좋다(하버 쿠베)
هوا خوب است {هوا خوبه}

날씨가 맑다(하버 써풰)
هوا صاف است {هوا صافه}

바람이 분다(버드 미바제)
باد می وزد {باد میوزه}

비가 온다
(버룬 미버레. 버룬 이어드)
باران می بارد {بارون میباره}.
باران می آید {بارون میاد}

날씨가 따뜻하다
(하버 모아타델레)
هوا معتدل است {هوا معتدله}

태풍(투풴)
طوفان

비가 그치다(버룬 반드 우마데)
باران بند آمده است {بارون بند اومده}

날씨가 나쁘다(하버 바데)
هوا بد است {هوا بده}

날씨가 춥다(하버 싸르데)
هوا سرد است {هوا سرده}

날씨가 덥다(하버 갸르메)
هوا گرم است {هوا گرمه}

날씨가 변덕스럽다
(하버 모타게이레)
هوا متغیر است {هوا متغیره}

눈(바르프)

برف

구름이 끼었다
(아브리 부드)

ابری بود

날씨가 시원하다(하버 코나케)

هوا خنک است {هوا خنکه}

장마철(모쎄메 버란데기.
화쓸레 버란데기)

موسم بارندگی. فصل بارندگی

1126. 오늘은 날이 흐립니다.
1126- امروز هوا ابری است. {امروز هوا ابریه}
엠루즈 하버 아브리예

1127. 사람들이 곧 태풍이 있을 것이라고 예견했습니다.
1127- پیش بینی کردند که بزودی طوفان می آید. {پیش بینی کردن بزودی طوفان میاد}
피쉬 비니 캬르단 베쥬디 투풘 미어드

1128. 아마 오늘 밤에 비가 올 것입니다.
1128- شاید امشب باران بیاید. {شاید امشب بارون بیاد}
셔야드 엠샵 버룬 비어드

1129. 바람이 산들산들 붑니다.
1129- نسیم ملایمی می وزد. {نسیم ملایمی میوزه}
나씨메 몰러예미 미바제

1130. 비가 그쳤습니다.

1130 - باران بند آمده است. {بارون بند اومده}

버룬 반드 우마데

1131. 나는 비가 안오길 바랍니다.

1131 - امیدوارم که باران نیاید. {امیدوارم بارون نیاد}

오미드버람 버룬 나여드

1132. 이렇게 비가 오는 것은 여기선 이상한 일입니다.

1132 - در اینجا باران آمدن خیلی عجیب است. {اینجا بارون اومدن خیلی عجیبه}

인저 버룬 우마단 케일리 아지베

1133. 태양이 떴습니다.

1133 - خورشید طلوع کرده است. {خورشید طلوع کرده}

코르쉬드 토루으 캬르데

1134. 이란은 4계절이 있습니다. 물론 눈도 옵니다.

1134 - ایران چهار فصل است، در ضمن برف هم می آید. {ایرون چار فصله، در ضمن برف هم میاد}

이룬 처르 화슬레, 다르 젬 바르프 함 미어드

1135. 이란의 북쪽 지방 날씨는 우리나라와 비슷합니다. 삼림이 울창하고 매우 아름답습니다.

1135 - شرایط آب و هوای شمال ایران با هوای کشورما مشابهت دارد. جنگلهای آنجا سر سبز و خیلی قشنگ است. {شرایط آبو هوای شمال ایرون با هوای کشورمون مشابهت داره.}

샤러예테 어보 하버예 쇼멀레 이룬 버 하버예 케쉬바레 머 모셔베하트 더레. 장갈러예 운저 싸르 싸브조 케 일리 가샹게

1136. 온화한 날씨입니다. 춥지도 않고 덥지도 않습니다.

1136 - هوا معتدل است. نه سرد است و نه گرم است. {هوا معتدله. نه سرده ا نه گرمه}

하버 모아타델레. 나 싸르데 오 나 갸르메

1137. 갑자기 비가 오더니, 다시 맑아졌습니다.

1137 - ناگهان باران گرفت ولی دوباره آفتاب شد. {ناگهان بارون گرفت ولی دوباره آفتاب شد}

너갸헌 버룬 게레프트 발리 도버레 어프텁 쇼드

1138. 바람이 세게 붑니다.

1138 - باد به شدت می وزد. {باد به شدت میوزه}

버드 베 쉐다트 미바제

1139. 날씨가 불규칙합니다.

1139 - هوا متغیر است. {هوا متغیره}

하버 모타게이레

1140. 이란의 날씨는 매우 건조합니다.
1140 - آب و هوای ایران خیلی خشک است.
{آب و هوای ایرون خیلی خشکه}
어보하버예 이룬 케일리 코쉬케

1141. 낮이 길어지고 반면에 밤은 짧아집니다.
1141 - روزها بلند می شود و در عوض شبها کوتاه می شود.
{روزا بلند میشه ودر عوض شبا کوتاه میشه}
루저 볼란드 미쉐 바 다르 아바즈 쇼버 쿠터흐 미쉐

1142. 비가 오지 않으면 좋은데
1142 - کاشکی باران نیاید. {کاشکی بارون نیاد}
커쉬키 버룬 나여드

☞ 이란의 4계절은 비교적 뚜렷하다. 봄에 비가 오고, 겨울에는 스키등 겨울 스포츠가 성행하며 국토의 대부분이 지대가 높아 산소가 희박한 점이 주의할 점이다.

1143. 여전히 구름이 끼었습니다.
1143 - هنوز هوا ابری است.
{هنوز هوا ابریه}
하누즈 하버 아부리에

1144. 곧 비가 올 것 같습니다.
1144 - بنظر می رسد فوراً باران بیاید.
{بنظر میرسه فورن بارون بیاد}
베나자르 미레쎄 훠란 버룬 비어드

날씨

1145. 천둥과 번개가 칩니다.

1145- رعد و برق می زند.{رعد و برق میزنه}
라아도 바르그 미자네

11 시간

1146. 몇시입니까?

1146 - ساعت چند است؟ {ساعت چنده؟}

써아트 찬데?

1147. 지금 몇시입니까?

1147 - الان چه ساعتی است؟ {الان چه ساعتیه؟}

알런 체 써아티예?

1148. 오전 5시입니다.

1148 - ساعت پنج صبح است. {ساعت پنج صبه}

써아테 판제 쏘베

1149. 지금 9시입니다.

1149 - الان ساعت نه است. {الان ساعت نهه}

알런 써아테 노헤

1150. 몇시에 그녀가 이곳에 옵니까?

1150 - آن خانم چه ساعتی به اینجا می آید ؟ {اون خانوم چه ساعتی به اینجا میاد؟}

운 커눔 체 써아티 베 인저 미어드?

1151. 3시 정각에 그녀는 이곳에 옵니다.

1151 - سر ساعت سه به اینجا می آید.
{سرساعت سه به اینجا میاد}
싸레 써아테 쎄 베 인저 미어드

1152. 당신은 몇시에 비행장에 갑니까?

1152 - شما ساعت چند به فرودگاه می روید؟
{شما ساعت چند به فرودگاه میرین؟}
쇼머 써아트 찬드 베 훠르드거흐 미린?

1153. 8시 10분에 비행장에 갈겁니다.

1153 - ساعت هشت و ده دقیقه به فرودگاه می روم.
{ساعت هشت و ده دیقه به فرودگاه میرم}
써아테 하쉬토 다흐 다게 베 훠르드거흐 미림

1154. 우리는 6시 30분에 서로 만날 겁니다.

1154 - ما ساعت شش و نیم همدیگر را خواهیم دید.
{ما ساعت شیش و نیم همدیگر رو میبینیم}
머 써아테 쉐쇼 님 함 디갸로 미비님

1155. 7시 20분 전에 우리집에 와 주세요.

1155 - بیست دقیقه به هفت به خانه ما تشریف بیاورید.
{بیس دیقه به هفت خونمون تشیف بیارین}
비쓰 다게 베 하프트 쿠나문 타쉬프 비어린

1156. 정오. 오전. 오후

1156 - ظهر. پیش از ظهر. بعد از ظهر.
조흐르. 피쉬 아즈 조흐르. 바드 아즈 조흐르

1157. 밤 12시

니메 샵

1157 - نیمه شب

1158. 오후 3시

써아테 쎄예 바드 아즈 조흐르

1158 - ساعت سه بعد از ظهر

1159. 2시 15분

써아테 도 오 롭

1159 - ساعت دو و ربع

1160. 몇시간

찬드 써아트

1160 - چند ساعت

1161. 6시간

쉐쉬 써아트

1161 - شش ساعت {شیش ساعت}

1162. 몇시간 걸립니까?

찬드 써아트 툴 미케쉐?

1162 - چند ساعت طول می کشد؟
{چند ساعت طول میکشه؟}

시간

254 • 이란어회화

1163. 8시간 걸립니다.

1163 - هشت ساعت طول می کشد.
{هشت ساعت طول میکشه}

하쉬트 써아트 툴 미케쉐

1164. 그 때가 대략 10시입니다.

1164 - آن موقع تقریباً ساعت ده بود.
{اون موقع تقریبن ساعت ده بود}

운 모게 타그리반 써아테 다흐 부드

1165. 시계가 맞게 갑니다.

1165 - ساعت درست کار می کند.
{ساعت درست کار میکنه}

써아트 도로스트 커르 미코네

1166. 시계가 멈추었습니다.

1166 - ساعت خوابیده است. {ساعت خوابیده}

써아트 커비데

1167. 거의 5시가 다 되었습니다.

1167 - تقریباً نزدیک ساعت پنج است.
{تقریبن نزدیک ساعت پنجه}

타그리반 나즈디케 써아테 판제

1168. 곧 9시 입니다.

1168 - نزدیک ساعت نه است.
{نزدیک ساعت نهه}

나즈디케 써아테 노헤

12 기타표현

1169. 이란에서는 몇 월에 꽃이 핍니까?

1169 - در ایران چه ماهی گلها شکوفه می کنند؟
{در ایرون چه ماهی گلا شکوفه میکنن؟}
다르 이룬 체 머히 골러 쇼쿠풰 미코난?

1170. 이란에서는 5월 초에 꽃이 핍니다.

1170 - در ایران اوایل اردیبهشت گلها باز می شوند.
{در ایرون اوایل اردیبهشت گلا وا میشن}
다르 이룬 아버옐레 오르디베헤쉬트 골러 버즈 미샨

1171. 어느 것도 버리지 않도록 주의하세요

1171 - مواظب باشید هیچ چیزی را دور نیندازید.
{مواظب باشین هیچ چیزی رو دور نیندازین}
모버젭 버쉰 히치 치지 로 두르 나얀더진

1172. 지난 밤 당신은 지진을 느꼈습니까?

1172 - دیشب احساس کردید زلزله آمد؟
{دیشب احساس کردین زلزله اومد؟}
디샵 에흐써스 캬르딘 젤젤레 우마드?

1173. 놀라야 할 이유가 없습니다.
1173 - علتى براى تعجب كردن نيست.
{علتى برا تعجب كردن نيس}
엘라티 바러 타아좁 캬르단 니쓰

1174. 당신은 승마를 할 줄 압니까?
1174 - آيا مى توانيد اسب سوارى كنيد؟
{ميتونين اسب سوارى كنين؟}
미투닌 아숩 싸버리 코닌?

1175. 제 여동생은 바이올린을 연주합니다.
1175 - خواهرم ويولن مى نوازد. خواهرم ويولن مى زند.
{خاهرم ويولن مينوازه. خاهرم ويولن ميزنه}
커하람 비오론 미나버제. 커하람 비오론 미자네

1176. 이 잡지는 재미있는 것들이 많이 있습니다.
1176 - اين مجله شامل مقاله هاى بسيار جالبى است. مقالات اين مجله بسيار جالب است.
{اين مجله شامل مقاله هاى بسيار جالبيه. مقالات اين مجله بسيار جالبه}
인 마잘레 셔멜레 마걸레허예 베쓰여르 절레비예. 마걸러테 인 마잘레 베쓰여르 절레베

1177. 저 사람은 모든 사람에게서 미움을 받습니다.
1177 - همه از آن آقا نفرت دارند.
{همه از اون آقا نفرت دارن}
하메 아즈 운 어거 네프라트 더란

1178. 당신의 일을 소홀히 하지 마세요.

1178 - کارتان را بطور سرسری انجام ندهید.
{کارتونو بطور سرسری انجام ندین}

커러투노 베토레 싸르싸리 안점 나딘

1179. 이것이 나의 몫입니까?

1179 - آیا این سهم من است؟
{آیا این سهم منه؟}

어여 인 싸흐메 마네?

1180. 그는 내 의견에 항상 반대합니다.

1180 - او همیشه مخالف عقیده من است.
{او همیشه مخالف عقیده منه}

우 하미쉐 모컬레훼 아기데예 마네

1181. 그는 의도적으로 이렇게 했습니다.

1181 - او از روی عمد این کار را انجام داده است.
{او از روی عمد اینکارو انجام داده}

우 아즈 루예 암드 인 커로 안점 더데

1182. 저를 위해 케익을 좀 남겨두세요.

1182 - برای من مقداری کیک کنار بگذارید.
{برام مقداری کیک کنار بذارین}

바럼 메그더리 케이크 케너르 베저린

1183. 이 좋은 기회를 놓치지 마세요.

1183 - این فرصت خوب را از دست ندهید.
{این فرصت خوبو از دست ندین}

인 훠르싸테 쿠보 아즈 다스트 나딘

1184. 그 일은 말할만한 것이 아닙니다.

1184 - آن موضوع ارزش بحث کردن را ندارد.
{اون موضوع ارزش بحث کردنو نداره}
운 모주으 아르제쉐 바흐쓰 캬르다노 나더레

1185. 컴퓨터할 줄 압니까?

1185 - آیا شما کار کردن با کامپوتر را بلدید؟
{آیا شما کارکردن با کامپوترو بلدین؟}
어여 쇼머 커르 캬르단 버 컴퓨토로 발라딘?

1186. 저는 공원에서 그것을 잃어버린 것 같습니다.

1186 - بنظر می آید که آن را در پارک گم کرده باشم.
{بنظر میاد اونو تو پارک گم کرده باشم}
베나자르 미어드 우노 투 퍼르크 곰 캬르데 버샴

1187. 이것을 똑같이 4개로 나누세요.

1187 - این را به چهار قسمت مساوی تقسیم کنید.
{اینو به چار قسمت مساوی تقسیم کنین}
이노 베 처르 게쓰마테 모써비 타그씸 코닌

1188. 쌀과 빵은 이란의 주식입니다.

1188 - غذای اصلی ایرانی ها برنج و نان است.
{غذای اصلی ایرونی ها برنجو نونه}
가저예 아쓸리예 이루니허 베렌조 누네

1189. 누군가 노크를 하고 있습니다.

1189 - کسی در را می زند.{کسی درو میزنه}
캬씨 다로 미자네

기타표현

1190. 다행히 당신은 다치지 않았습니다.

1190 - خوشبختانه شما زخمی نشده اید.
{خوشبختانه شما زخمی نشدین}
코쉬바크터네 쇼머 자크미 나쇼딘

1191. 이것은 드물게 일어나는 일입니다.

1191 - این اتفاق به ندرت می افتد.
{این اتفاق به ندرت می یوفته}
인 에테횎그 베 노드라트 미요프테

1192. 저는 사고가 일어날 때 그곳에 있었습니다.

1192 - در زمان تصادف من آنجا بودم.
در حین تصادف من آنجا بودم.
{درزمان تصادف من اونجا بودم. درحین تصادف من اونجا بودم}
다르 자머네 타써도프 만 운저 부담. 다르 헤이네 타써 도프 만 운저 부담

1193. 저 아이는 매우 호기심이 강합니다.

1193 - آن بچه خیلی کنجکاو است.
{اون بچه خیلی کنجکاوه}
운 바체 케일리 콘즈커베

1194. 이 상자에는 무엇이 들어있습니까?

1194 - توی این جعبه چه هست؟
{تو این جعبه چی هست؟}
투 인 자아베 치 하스트?

1195. 엄마를 꼭 닮았습니다.

1195 - واقعاً شبیه مادرش است. عین مادرش است. کپی مادرش است. {واقعن شبیه مادرشه. عین مادرشه. کپی مادرشه}

버게안 쇼비헤 머다라쉐. 에이네 머다라쉐. 코피예 머다라쉐

1196. 이상한 일이 일어나지 않았습니다.

1196 - اتفاق عجیبی نیفتاده است. {اتفاق عجیبی نیوفتاده}

에테훠게 아지비 나요프터데

1197. 저는 당신이 조금만 연기해 주길 청합니다.

1197 - لطفاً آن را کمی به تأخیر بیندازید. {لطفن اونو کمی به تأخیر بیندازین}

로트환 우노 캬미 베 타아키르 베얀더진

1198. 이 일은 칭찬할 만한 것이 아닙니다.

1198 - این کار قابل تحسین نیست. {این کار قابل تحسین نیس}

인 커르 거벨레 타흐씬 니쓰

1199. 당신은 매우 자세하게 씁니다.

1199 - شما خیلی با دقت می نویسید. {شما خیلی با دقت مینویسین}

쇼머 케일리 버 데가트 미네비씬

1200. 이 일은 당신에게 이익이 있습니다.

1200 - این کار برای شما سود دارد.
{این کار برا شما سود داره}
인 커르 바러 쇼버 쑤드 더레

1201. 마음을 가라앉히세요.

1201 - آرام باشید. {آروم باشین}
어룸 버쉰

1202. 그림이 거꾸로 되었습니다.

1202 - نقاشی بصورت وارونه آویزان شده است.
{نقاشی بصورت وارونه آویزون شده}
나거쉬 베 쑤라테 버루네 어비준 쇼데

1203. 당신은 물과 기름을 섞을 수 없습니다.

1203 - شما نمی توانید آب و روغن را باهم مخلوط کنید.
{شما نمیتونین آب و روغنو باهم مخلوط کنین}
쇼머 네미투닌 어보 로가노 버함 마클루트 코닌

1204. 누가 상을 받았습니까?

1204 - چه کسی جایزه را برده است؟
{کی جایزه رو برده؟}
키 저예제로 보르데?

1205. 당신은 규칙들을 따라야만 합니다.

1205 - شما باید مقررات را رعایت کنید.
{شما باید مقرراتو رعایت کنین}
쇼머 버야드 모가라러토 레어야트 코닌

1206. 저 액자는 약간 오른쪽으로 삐뚤어져 있습니다.

1206 - آن قاب عکس کمی به سمت راست کج شده است.
{اون قاب عکس کمی به سمت راس کج شده}

운 거베 아크쓰 캬미 베 쌈테 러쓰 캬즈 쇼데

1207. 그것은 단지 형식적인 문제입니다.

1207 - آن مورد فقط فرمالیته است.
{اون مورد فقط فرمالیته اس}

운 모레데 화가트 훠르멀리테 아쓰

1208. 저는 제가 필요한 것들을 모두 가졌습니다.

1208 - تمام وسایل مورد احتیاج را دارم.
{تموم وسایل مورد احتیاج رو دارم}

타무메 바쎄엘 모레데 에흐티어즈 더람

1209. 요즘 어떠세요?

1209 - این روزها حالتان چطور است؟
{این روزا حالتون چطوره؟}

인 루저 헐레툰 체토레?

1210. 저는 이런 환경에서 사는 것보다 오히려 죽는 것이 낫습니다.

1210 - بنظر من مردن بهتر از زندگی کردن در این محیط است. {بنظرم مردن بهتر از زندگی کردن تو این محیطه}

베나자람 모르단 베흐타르 아즈 젠데기 캬르단 투 인 모히테.

1211. 만약 당신이 그것을 좋아하신다면 제가 당신께 그것을 선사하겠습니다.

1211 - اگر شما از آن خوشتان می آید آن را به شما تقدیم می کنم. {اگه از اون خوشتون میاد اونو به شما تقدیم میکنم}

아게 아즈 운 코쉐툰 미어드 우노 베 쇼머 타그딤 미코남

1212. 그것은 이란에서는 보통 일어나는 일입니다.

1212 - در ایران آن اتفاق امری عادی است. {در ایرون اون اتفاق امری عادیه}

다르 이룬 운 에테풔그 암리예 얻디예

1213. 저는 이미 그 문제에 대해 그와 타협하였습니다.

1213 - من قبلاً در مورد این مشکلات با ایشان مشورت کرده ام. {من قبلن در مورد این مشکلات با ایشون مشورت کردم}

만 가불란 다르 모레데 인 모쉬켈러트 버 이슌 마쉬바라트 캬르담

1214. 저는 사전을 찾아보았습니다만 아무것도 이해할 수 없었습니다.

1214 - با اینکه معنی آن را توسط فرهنگ لغت پیدا کرده بودم ولی آن را درک نکردم. {با اینکه منی اونو توسط فرهنگ لغت پیدا کرده بودم ولی اونو درک نکردم}

버 인케 마니예 우노 타바쏘테 화르항게 로가트 페이더 캬르데 부담, 발리 우노 다르크 나캬르담

1215. 저것은 제외시킬 수 있습니까?

1215 - آیا می شود آن را حذف کرد؟
{آیا میشه اونو حذف کرد؟}

어여 미쉐 우노 하즈프 캬르드?

1216. 저는 그런 집 한채를 갖고 싶습니다.

1216 - دلم می خواهد صاحب چنین خانه ای باشم.
{دلم میخاد صاحب چنین خونه ای باشم}

델람 미커드 써헤베 쵸닌 쿠네이 버샴

1217. 이 지역에는 어떤 생산품이 있습니까?

1217 - در این منطقه چه محصولاتی بعمل می آید؟
{در این منطقه چه محصولاتی بعمل میاد؟}

다르 인 만타게 체 마흐쑬러티 베아말 미어드?

III. 부록

1. 숫자

3 (쎄) سه ٣	2 (도) دو ٢	1 (옉) یک ١
6 (쉬쉬) شش {شیش} ٦	5 (판즈) پنج ٥	4 (처르) چهار {چار} ٤
9 (노흐) نه ٩	8 (하쉬트) هشت ٨	7 (하프트) هفت ٧
12 (다버즈다흐) دوازده ١٢	11 (여즈다흐) یازده ١١	10 (다흐) ده ١٠
15 (푼즈다흐) پانزده {پونزده} ١٥	14 (처르다흐) چهارده {چارده} ١٤	13 (씨즈다흐) سیزده ١٣
18 (히즈다흐) هجده {هیژده} ١٨	17 (히프다흐) هفده {هیوده} ١٧	16 (슈즈다흐) شانزده {شونزده} ١٦
22 (비쏘 도) بیست و دو {بیس و دو} ٢٢	20 (비스) بیست {بیس} ٢٠	19 (누즈다흐) نوزده ١٩
31 (씨오 옉) سی و یک ٣١	30 (씨) سی ٣٠	24 (비쏘 처르) بیست و چهار {بیس و چار} ٢٤
60 (쇼스트) شصت ٦٠	50 (판저흐) پنجاه ٥٠	40 (체헬) چهل ٤٠
90 (너드) نود ٩٠	80 (하쉬터드) هشتاد ٨٠	70 (하프터드) هفتاد ٧٠

دویست ۲۰۰ 200(데비스트)	صد و یک ۱۰۱ 101(싸도 엑)	صد ۱۰۰ 100(싸드)
دویست و یک ۲۰۱ 201(데비스토 엑)	سیصد ۳۰۰ 300(씨싸드)	پانصد {پونصد} ۵۰۰ 500(푼싸드)
هشت هزار ۸۰۰۰ {هش هزار} 8000(하쉬 헤저르)	هزار ۱۰۰۰ 1000(헤저르)	
یک میلیون ۱۰۰۰۰۰۰ {یه میلیون} 1000000(예 밀리윤)	دو هزار ۲۰۰۰ 2000(도헤저르)	

سوّم 제3 (쎄봄)	دوّم 제2 (도봄)	اوّل 제1 (아발)
ششم 제6 (쉐숌)	پنجم 제5 (판좀)	چهارم {چارم} 제4 (처롬)
چهاردهم {چاردهم} 제14(처르다홈)	دهم 제10(다홈)	نهم 제9(노홈)

☞이란어의 숫자는 문자와 달리 왼쪽에서 오른쪽으로 쓴다.

2. 세기, 년, 월, 주, 일

قرن، سال، ماه، هفته، روز

세기(가른), 년(썰), 달(머흐), 주(하프트), 일(루즈)

♣ 일

روز اوّل   روز دوّم   روز سوّم

3일(루제 쎄봄)   2일(루제 도봄)   1일(루제 아발)

روز چهارم   روز پنجم   روز ششم
{روز چارم}

4일(루제 처롬)   5일(루제 판좀)   6일(루제 쉐숌)

روز هفتم   روز هشتم   روز نهم

7일
(루제 하프톰)   8일
(루제 하쉬톰)   9일
(루제 노홈)

روز دهم   روز یازدهم   روز پانزدهم
{روز پونزدهم}

10일
(루제 다홈)   11일
(루제 여즈다홈)   15일
(루제 푼즈다홈)

روز بیستم   روز سی و یکم

20일
(루제 비스톰)   31일
(루제 씨오엑콤)

☞ 이란은 크게 3가지 종류의 曆을 사용한다. 서기력과 이슬람의 태양력과 태음력이다. 태양력의 1년은 12개월로 처음 6개월 즉, 이란력의 6월까지는 31일이고, 그 다음 5개월 즉, 11월까지는 30일이다. 나머지 1개월 즉, 12월은 평년은 29일, 4년마다 오는 윤년은 30일이다. 이란력의 한 주간은 토요일부터 시작하여, 일, 월, 화, 수, 목, 금요일(우리의 공휴일과 같음)이 된다. 따라서 토요일에 모든 공무가 시작되고 목요일은 주말의 개념이 된다.

اوایل ماه   اواسط ماه

초순(아버옐레 머흐)   중순(아버쎄테 머흐)

اواخر ماه

말엽(아버케레 머흐)

♣ 주

شنبه{شمبه}   یک شنبه{یه شمبه}

토요일(샴베)   일요일(예샴베)

دو شنبه{دوشمبه}   سه شنبه{سه شمبه}

월요일(도샴베)   화요일(쎄샴베)

چهارشنبه{چارشمبه}   پنج شنبه{پنشمبه}

수요일(처르샴베)   목요일(판샴베)

جمعه{جمه}

금요일(조메)

♣ 월

서기력의 월명

ژانویه	فوریه
1월(전비예)	2월(훼브리에)
مارس	آوریل
3월(머르쓰)	4월(어브릴)
مه	ژوئن
5월(메)	6월(주엔)
ژوئیه	اوت
7월(주이예)	8월(우트)
سپتامبر	اکتبر
9월(쎕텀부르)	10월(옥토브르)
نوامبر	دسامبر
11월(노범부르)	12월(데썸부르)

☞ 서기력의 월명은 외래어가 되어 마치 고유명사처럼 사용한다.

이란력의 월명

فروردين	ارديبهشت
1월(화르바르딘)	2월(오르디베헤쉬트)
خرداد	تير
3월(코르더드)	4월(티르)
مرداد	شهريور
5월(모르더드)	6월(쇼흐리바르)
مهر	آبان
7월(메흐르)	8월(어번)
آذر	دى
9월(어자르)	10월(데이)
بهمن	اسفند
11월(바흐만)	12월(에스환드)

☞이란력의 월명들이다. 월들의 기간은 서기력으로 하면 다음과 같다.

화르바르딘월(1월: 3월 21일 ~ 4월 20일)
오르디베헤쉬트월(2월: 4월 21일 ~ 5월 21일)
코르더드월(3월: 5월 22일 ~ 6월 21일)
티르월(4월: 6월 22일 ~ 7월 22일)
모르더드월(5월: 7월 23일 ~ 8월 22일)
샤흐리바르월(6월: 8월 23일 ~ 9월 22일)
메흐르월(7월: 9월 23일 ~ 10월 22일)

어번월(8월: 10월 23일 ~ 11월 21일)

어자르월(9월: 11월 22일 ~ 12월 21일)

데이월(10월: 12월 22일 ~ 1월 20일)

바흐만월(11월: 1월 21일 ~ 2월 19일)

에스환드월(12월: 2월 20일 ~ 3월 20일)

♣ 년

일년	یک سال	옉 썰
반년	نیم سال	님 썰
한달	یک ماه {یه ماه}	예 머흐
반달. 15일	پانزده روز	푼즈다흐 루즈
이슬람력	هجری	헤즈리
이슬람음력	هجری قمری	헤즈리예 가마리
이슬람양력	هجری شمسی	헤즈리예 쌈씨
반나절	نصف روز.	네스훼 루즈.
	نیم روز	님 루즈
이년	دو سال	도 썰
두달	دو ماه	도 머흐
서기력	سال میلادی	썰레 밀러디
보름	ماه شب چهارده.	머헤 쇠베 처르다.
	قرص کامل ماه.	
	بدر.	고르쎄 커멜레 머.
	هر دو هفته یک بار	바드르.
	{هر دو هفته یه}	하르 도 하프테

	بار }	예 버르
한달반	یک ماه و نیم	예 머호님

♣ 세기

9세기	قرن نهم	가르네 노홈
15세기	سده پانزدهم	싸데예 푼즈다홈
21세기	سده بیست و یکم	싸데예 비스토예콤
금세기	قرن حاضر. قرن کنونی	가르네 허제르. 가르네코누니

♣ 기타

모레	پس فردا	파쓰 화르더
오늘날	امروزه.	엠르제.
	این روزها.	인루즈허.
	زمان حاضر	자머네 허제르
어제	دیروز	디루즈
다음주	هفته آینده	하프테예 어얀데
내일	فردا	화르더
오늘	امروز	엠루즈
그저께	پریروز	파리루즈
이번주	این هفته	인 하푸테
지난주	هفته گذشته	하프테예 고자쉬테
이번달	این ماه.	인 머흐.

	ماه جاری	머헤 저리
내년	سال آینده	썰레 어얀데
작년. 지난해	پارسال.	퍼르썰.
	سال گذشته	썰레 고자쉬테
예나지금	چه گذشته چه حال.	체 고자쉬테 체 헐.
	چه قدیم چه جدید	체 가딤 체 자디드
지난날	گذشته ها.	고자쉬테허.
	روز قبل. دوران	루제 가블. 도러네
	قدیم. قدیم ها	가딤. 가딤허
오늘 아침	امروز صبح	엠루즈 쏩
다음달	ماه دیگر {ماه دیگه}	머헤 디게
저번달	ماه گذشته.	머헤 고자쉬테.
	ماه پیش	머헤 피쉿
올해. 금년	امسال	엠썰
과거	گذشته	고자쉬테
다음달	ماه آینده	머헤 어얀데
어제밤	دیشب	디솹
오늘밤	امشب	엠솹
그저께밤	پریشب	파리솹

3. 신체 각부분

신체	بدن	바단
근육	ماهیچه	머히체
동맥	سرخ رگ. شریان. شاهرگ	쏘르크 라그. 쇼리연.셔흐라그
얼굴	صورت. چهره	쑤라트. 체흐레
주름	چین و چروک	치노 쵸르크
눈썹	ابرو	아부루
코	بینی. دماغ	비니. 다머그
입	دهن. دهان	다한. 다헌
혀	زبان {زبون}	자분
눈	چشم	차쉬므
머리	سر	싸르
눈꺼풀	پلک	펠크
보조개	چال	쳘
혈관	رگ	라그
광대뼈	گونه	구네
뺨	لپ	롚
입술	لب	랍
뇌	مغز	마그즈
정강이	ساق پا	써게 퍼

턱수염	ریش	리쉬
콧수염	سبیل	쎄빌
손바닥	کف دست	캬훼 다스트
손목	مچ دست	모체 다스트
가운데 손가락	انگشت میانی	앙고쉬테 미어니
명치	گودی معده	고디예 메데
배	شکم	쉐캄
팔꿈치	آرنج	어렌즈
허리	کمر	캬마르
큰창자	رودهٔ بزرگ	루데예 보조르그
위	معده	메데
목	گردن	갸르단
젖. 가슴	پستان . سینه	페스턴. 씨네
손	دست	다스트
맹장	آپاندیس. رودهٔ کور	어펀디쓰. 루데예 쿠르
발뒷꿈치	پاشنه پا	퍼쉬네예 퍼
발가락	انگشت پا	앙고쉬테 퍼
뼈. 골격	استخوان	오스토컨
피	خون	쿤
머리카락	مو	무

눈동자	مردمک	마르도마크
속눈썹	مژه	모줴
귀	گوش	구쉬
치아	دندان {دندون}	단둔
이마	پیشانی {پیشونی}	피쉬니
관자놀이	گیجگاه	기즈거흐
콧구멍	سوراخ بینی. سوراخ دماغ	쑤러케 비니. 쑤러케 다머그
정맥	سیاه رگ. ورید	씨어흐 라그. 바리드
피부	پوست	푸스트
의치	دندان مصنوعی {دندون مصنوعی}	단두네 마쓰누이
귓구멍	سوراخ گوش	쑤러케 구쉬
다리. 발	پا	퍼
턱	چانه {چونه}	추네
윗턱	فک بالا	화케 벌러
아랫턱	فک پایین	화케 퍼인
아랫배	زیر شکم	지레 쉐캄
넓적다리	ران	런
팔뚝 (아랫부분)	بازو	버주
팔뚝 (윗부분)	ساعد	써에드

손가락	انگشت	앙고쉬트
엄지손가락	انگشت شست	앙고쉬테 쇼스트
새끼손가락	انگشت کوچک	앙고쉬테 쿠차크
무명지	انگشت حلقه. انگشت انگشتر	앙고쉬테 할게. 앙고쉬테 앙고쉬타르
검지손가락	انگشت اشاره. انگشت نشان. سبابه	앙고쉬테 에셔레. 앙고쉬테 네슌. 싸버베
복숭아뼈	قوزک پا	구자케 퍼
키. 신장	قد	갇드
등	پشت	포쉬트
십이지장	روده اثنی عشر	루데예 아쓰니아쇼르
직장	رودهٔ راست	루데예 러스트
심장	قلب	갈브
어깨	دوش.شانه{شونه}	두쉬. 슈네
췌장	لوزالمعده	루좀메데
엉덩이	کپل. کفل. باسن.کون	캬팔. 캬활. 버싼. 쿤
발바닥	کف پا	캬페 퍼
발톱	ناخن پا	너코네 펴

무릎	زانو	저누
발목	مچ پا	모체 퍼
겨드랑이	زیر بغل	지레 바갈
여성의 생식기	کس. فرج	코쓰. 화라즈
남성의 생식기	کیر. دول	키르. 둘
배꼽	ناف	너프
작은창자	روده کوچک	루데예 쿠차크
간	جگر. جگر سیاه. کبد	제갸르. 제갸르 씨어흐. 캬베드
관절	مفصل	마후쎌
폐	ریه. شش	리예. 쇼쉬
손톱	ناخن دست	너코네 다스트
인후. 목구멍	گلو. حلق	걀루. 할그
가슴	سینه	씨네
옆구리	پهلو	파흘루
자궁	رحم	라헴

4. 동물

동물	حیوان. جانور	헤이번. 저네바르
돼지	خوک	후크
말	اسب	아씁
여우	روباه	루버흐
박쥐	خفاش. شبکور	코훠쉬. 솹쿠르
얼룩말	گور خر	구레 카르
도마뱀	مارمولک	머르물락
양	گوسفند	구쓰핟드
족제비	راسو	러쑤
개	سگ	싸그
토끼	خرگوش	카르구쉬
하마	اسب آبی	아쓰베 어비
고래	نهنگ. وال	나항. 벌
원숭이	میمون	메이문
코끼리	فیل. پیل	휠. 필
고양이	گربه	고르베
고슴도치	خارپشت. جوجه تیغی	커르 포쉬트. 주제 티기
소	گاو	거브
	گرگ	고르그

이리, 늑대		
기린	زرافه	자러훼
곰	خرس	케르쓰
사슴	آهو. گوزن	어후. 갸바즌
너구리	راکون	러쿤
쥐	موش	무쉬
뱀	مار	머르
사자	شیر	쉬르
당나귀	خر. الاغ	카르. 올러그
유인원	میمون آدم نما	메이무네 어담나머
카멜레온	آفتاب پرست	어프텁 파라스트
무소, 코뿔소	کرگدن	캬르갸단
악어	سوسمار	쑤쓰머르
호랑이	ببر	바브르
표범	پلنگ	팔랑
염소	بز	보즈
다람쥐	سنجاب	싼접
노새	قاطر	거테르
거북이	لاک پشت	러크 포쉬트
하이에나	کفتار	캬프터르
족제비	راسو	러쑤

두꺼비	وزغ	바자그
수달	سمور آبی．سمور دریایی	싸무레 어비．싸무레 다르여이
두더지	موش کور	무쉐 쿠르

5. 생선류

생선	ماهی	머히
꽁치	کیلکا.	킬커.
	ماهی خال مخالی.	머히예 컬 마컬리.
	ماهی اسقومری	머히예 에쓰구메리
캐비어	خاویار	커비여르
상어	کوسه	쿠쎄
정어리	ساردین	써르딘
해파리	عروس دریایی	아루쎄 다르여이
오징어	ماهی مرکب	머히예 모라캅
해초	خزهٔ دریایی.	카제예 다르여이.
	جلبک دریایی.	졸바케 다르여이
문어	اختاپوس	오크터푸쓰
낙지	هشت پا	하쉬트 퍼
넙치	هالیبوت.	헐리부트.
	ماهی دیل.	머히예 딜.
	ماهی پهن	머히예 파흔
연어	ماهی آزاد	머히예 어저드
전복	صدف گوشتی.	싸다페 구쉬티.
	صدف آبالون	싸다페 어벌룬
새우	میگو	메이구
뱀장어	مار ماهی	머르 머히
철갑상어	سگ ماهی.	싸그 머히.

	ماهى خاويار	머히예 커비여르
오존보론	اوزون برون	오존보론
대구	ماهى روغن	머히예 로간
송어	ماهى قزل آلا	머히예 가잘얼러
숭어	شاه ماهى	셔흐 머히

6. 조류

새	پرنده	파란데
카나리아	قنارى	가너리
갈매기	مرغ نوروزى. فلامينكو	모르게 노루지. 휠러민쿠
참새	گنجشک	곤제쉬크
제비	پرستو	파라쓰투
비둘기	کبوتر	캬부타르
오리	اردک	오르다크
까마귀	کلاغ	칼러그
공작	طاووس	터부쓰
매	باز	버즈
딱따구리	داركوب	더르쿱
닭	مرغ	모르그
올빼미	بوف. جغد	부푸. 조그드
앵무새	طوطى	투티
꿩	قرقاول	가르고볼

칠면조	بوقلمون	부갈라문
학	درنا	도르너
백조	قو	구
독수리	عقاب	오겁
종달새	طوقی . چکاوک	토기. 차커바크
찌르러기	سار	써르
메추라기	کبک	캬바크

7. 곤충류

벌레	حشره	하쇼레
달팽이	حلزون	할라준
바퀴벌레	سوسک	쑤쓰크
벼룩	کک	캬크
지렁이	کرم خاکی	케르메 커키
나방. 나비	پروانه	파르버네
이	شپش	쉐페쉬
파리	مگس	마갸쓰
빈대	ساس	써쓰
모기	پشه	파쉐
거미	عنکبوت	안캬부트
매미	جیرجیرک دشتی	지르지라케 다쉬티
벌	زنبور	잔부르
개미	مورچه	무르체
귀뚜라미	زنجره	잔자레
잠자리	سنجاقک	싼저가크
메뚜기	ملخ	말라크
꿀벌	زنبور عسل	잔부레 아쌀

8. 나무와 꽃

나무	درخت	데라크트
수양버들	بید مجنون	비데 마주눈
수선화	نرگس	네르게쓰
동백	گل کاملیا	골레 커멜리여
물망초	گل فراموشم نکن	골레 화라무샴나콘
꽃	گل	골
도라지	گل استکانی	골레 에쓰테커니
대나무	خیزران. بامبو	케이즈런. 범부
나팔꽃	گل نیلوفر	골레 닐루화르
국화	گل داودی	골레더부디
장미	گل سرخ. گل رز	골레 쏘르크. 골레 로즈
선인장	کاکتوس	커크투쓰
벚꽃	شکوفه گیلاس	쇼쿠훼예 길러쓰
민들레	قاصدک	거쎄다크
튜울립	گل لاله	골레 럴레
뽕나무	درخت توت	데라크테 투트
소나무	درخت کاج	데라크테 커즈
해바라기	گل آفتابگردان	골레 어푸텁가르던
백합	گل سوسن	골레 쑤싼
개나리	گل یاس زرد	골레 여쎄 자르드
모란	گل صد تومانی	골레 싸드

한국어	페르시아어	발음
		투마니
라일락	گل یاس	골레 여쓰
미나리아재비	آلاله	얼럴레
데이지	گل مروارید	골레 모르버리드
카네이숀	گل میخک	골레 미카크
히야신스	گل سنبل	골레 쏨볼
제라니윰	گل شمعدانی	골레 샴더니
제비꽃	گل بنفشه	골레 바나푸쉐
난초	گل ارکیده	골레 아르키데
달리아	گل کوکب	골레 코캅
글라디올러스	گل گلایول	골레 겔러욜
피튜니아	گل اطلسی	골레 아틀라씨
수련	گل نیلوفر آبی	골레 닐루화레 어비
이란 장미	گل محمّدی	골레 모함마디

9. 야채류

한국어	페르시아어	발음
야채	سبزی	싸브지
버섯	قارچ	거르츠
감자	سیب زمینی	씹 자미니
무우	ترب	토롭
호박	کدو	캬두
늙은 호박	کدو حلوایی	캬두할버이
비트	چغندر	쵸간다르
콩종류 전체를 이름	حبوبات	호부버트
양파	پیاز	피어즈
쪽파	پیازچه	피어즈체
대파	تره فرنگی	타레 화랑기
토마토	گوجه فرنگی	고제 화랑기
가지	بادنجان {بادنجون}. بادمجان {بادمجون}	버덴준. 버뎀준
부추	تره	타레
박하향 야채	نعناع	나아너
고추	فلفل قرمز	휄휄레 게르메즈
순무	شلغم	솰감
배추	کلم چینی	컬라메치니
시금치	اسفناج	에쓰훼너즈

한국어	페르시아어	발음
죽순	جوانه بامبو {جوونه بامبو}	자부네예 범부
마늘	سیر	씨르
샤프란	زعفران {زعفرون}	자아하룬
당근	هویج	하비즈
상추	کاهو	커후
쓴맛 야채	شاهی	셔히
피망	فلفل دلمه ای	휄휄레 돌메이
양배추	کلم پیچ	캴라메 피츠
컬리플라워	گل کلم	골레 캴람
생강	زنجبیل. زنجفیل	잔즈빌. 잔즈휠
옥수수	ذرت	조라트
강낭콩	لوبیا قرمز	루비여 게르메즈
완두콩	نخود	노코드

10. 과일류

과일	میوه	미베
사탕수수	نیشکر	네이쉐캬르
오렌지	پرتقال	포르타걸
배	گلابی	골라비
수박	هندوانه	헨두버네
바나나	موز	모즈
딸기	توت فرنگی	투트화랑기
오얏	گوجه	고제
모과	به	베흐
감	خرمالو	코르멀루
자두	آلو	얼루
살구	زرد آلو	자르드 얼루
버찌	آلبالو	얼벌루
귤	نارنگی	너렝기
오이	خیار	키여르
파인애플	آناناس	어너너쓰
체리	گیلاس	길러쓰
무화과	انجیر	안지르
포도	انگور	앙구르
복숭아	هلو	홀루
납작 복숭아	هلو انجیری	홀루 안지리
망고	منگو	망구

단레몬	ليمو شيرين	리무 쉬린
대추야자	خرما	호르머
사과	سيب	씹
참외	خربزه	카르보제
메론	طالبى	털레비
야자	نارگيل	너르길
라임	ليمو ترش	리무 토르쉬
건포도	كشمش	케쉬메쉬

11. 자연현상

자연	طبیعت	타비아트
산꼭대기. 산정상	نوک کوه{نوک کو}	노케 쿠
화산	آتش فشان{آتیش فشان}	어티쉬 훼션
바위	تخته سنگ. گرداله	타크테 쌍. 게르덜레
강	رودخانه{رودخونه}	루드쿠네
지면	زمین	자민
산바닥	دامنه کوه{دامنه کو}	더마네예 쿠
고원	فلات	활러트
폭포	آبشار	업셔르
호수	دریاچه	다르여체
늪	مرداب	모르덥
만(灣)	خلیج	칼리즈
절벽	صخره	싸크레
자갈	سنگریزه	쌍리제
농지	کشتزار	케쉬트저르
홍수	سیل	쎄일
육지	خشکی	코쉬키
섬	جزیره	자지레
산마루	قلۀ کوه{قله کو}	골레예 쿠
평야	صحرا	싸흐러

한국어	페르시아어	발음
연못	حوض	호즈
바다	دریا	다르여
해협	کانال. آبراهه	커널. 업러헤
곶	دماغه. پرتگاه	다머게. 파르트거흐
돌	سنگ	쌍
숲	جنگل	장걀
지진	زلزله	젤젤레
해안	ساحل	써헬
파도	موج	모우즈
흙	خاک	커크
마을	ده. روستا	데. 루스터
바람	باد	버드
폭풍	طوفان	투펀
산맥	کوهستان	쿠헤스턴
고개	تپه	탚페
샘물	چشمه	차쉬메
온천	چشمۀ آب گرم	차쉬메예아브 갸르므
대양	اقیانوس	오그여누쓰
비탈길	راه پر پیچ و خم	러세 포르피쵸캄
항구	بندر	반다르
모래	شن	쉔
사막	کویر	캬비르
비	باران {بارون}	버룬
화재	آتش {آتیش}	어티쉬

12. 국명, 지명

한국(남한)	جمهوری	좀후리에
	كره .	코레.
	كره	코레예
	جنوبی	조누비
이란이슬람공화국	جمهوری	좀후리에
(이란)	اسلامی	에슬러미예
	ایران	이런(이런)
미국	آمریکا.	엄리커.
	امریکا	엠리커
중국	چین	친
노르웨이	نروژ	노르베즈
항가리	مجارستان	마저레스턴
파리	پاریس	퍼리쓰
쿠웨이트	کویت	코베이트
미얀마	برمه	베르메
체코	چکسلواکی	체코쓸로버키
이스라엘	اسرائیل	에스라일
스페인	اسپانیا	에스퍼니여
타이완	تایوان	터이번
일본	ژاپن	저폰
아일랜드	ایرلند	이르렌드
프랑스	فرانسه	화런쎄
페루	پرو	페루
북경	پکن	페캰
핀란드	فنلاند	환런드
아프가니스탄	افغانستان	아프거네쓰턴

덴마크	دانمارک	던머르크
이집트	مصر	메쓰르
터어키	ترکیه	토르키예
네델란드	هلند	홀란드
홍콩	هنگ کنگ	홍콩
이락	عراق	아(에)러그
루마니아	رومانی	루머니
인도	هند	헨드
캐나다	کانادا. آمریکای شمالی	커너더. 엄리커에 쇼멀리
오스트리아	اتریش	오트리쉬
영국	انگلستان	엥겔레스턴
북한	جمهوری خلق کره. کره شمالی	좀후리에 칼게 코레. 코레예 쇼멀리
포르투갈	پرتغال	포르토걸
불가리아	بلغارستان	볼거레스턴
필리핀	فیلیپین	필리핀
두바이	دوبی	도베이
뉴질랜드	نیوزیلند	니유질란드
동양	شرقی	쇼르기
중동	خاورمیانه	커바르미어네
베트남	ویتنام	비예트넘
싱가포르	سنگاپور	쌍거푸르
하와이	هاوایی	허버이

리비아	لیبی	리비
인도네시아	اندونزی	안도네지
호주	استرالیا	오스트럴리여
벨기에	بلژیک	벨지크
캄보디아	کامبوج	컴보즈
시리아	سوریه	쑤리예
폴랜드	لهستان	라(레)헤스턴
스위스	سوئیس	쑤이쓰
스웨덴	سوئد	쑤에드
파키스탄	پاکستان	퍼케스턴
멕시코	مکزیک	메크지크
런던	لندن	란단
러시아	روسیه	루씨예
아르헨티나	آرژانتین	어르전틴
브라질	برزیل	베레질
워싱턴	واشنگتن	버솽톤
사우디아라비아	عربستان سعودی	아라베스터네 쏘우디
유럽	اروپا	우루퍼
서양	غربی	가르비
몽골	مغولستان	모골레스턴
이탈리아	ایتالیا	이털리여
그리스	یونان	유넌
칠레	شیلی	쉴리
말레이지아	مالزی	멀레지
독일	آلمان	얼먼
모나코	موناکو	모너코
레바논	لبنان	롭넌

아프리카	آفریقا	어프리거
남아프리카	آفریقای جنوبی	어프리거예 조누비
모로코	مراکش	마러케쉬
하이티	هائیتی	허이티
태국	تایلند	터이란드
카타르	قطر	가타르
모스크바	مسکو	모쓰코